Annemarie Stoltenberg

Vom Glück, Großeltern zu sein

Annemarie Stoltenberg

Vom Glück, Großeltern zu sein

Die schönsten Geschichten
über Großeltern und ihre Enkelkinder

Mit Illustrationen von
Lara Paulussen

RECLAM

Für Michael,
den vielgeliebtesten Opa von allen.
Für Emil, Greta und Hilde.
Für Melina, Leo und Alexi.

Inhalt

Großeltern –
die schönsten Nebenrollen
auf der Familienbühne

Alle Großeltern sind verschieden. Ebenso alle Enkelkinder. Sie alle sind einzigartig. Es gibt vor lauter Zuneigung überströmende Omas und Opas, und es gibt lieblose, kalte. Es gibt spielende, tröstende, schenkende Großeltern und solche, die Kinder als anstrengend, schlecht erzogen und störend empfinden. Manche Großeltern nehmen sich alle Zeit der Welt für ihre Enkelkinder und bieten ihnen mehr Zuwendung, als sie ihren eigenen Kindern geschenkt haben. Andere hingegen wollen nicht einmal Oma und Opa genannt werden und legen mehr Wert auf ihre eigenen Pläne, Termine und Reisen. Wieder andere sind der Meinung: Solange sie klein sind, gehen die Enkelkinder vor und sind das Wichtigste im Leben.

Es gibt kaum etwas, das allgemein über Großeltern gesagt werden kann. Nur dies: Enkelkinder begegnen ihnen ohne Vorbehalte, mit der absolut bedingungslosen Liebe von Kindern. Grenzenloses Glück kann jener Moment bedeuten, in dem die Kleinen, sobald sie laufen können, einem mit unbändigem Jubel in die weit ausgebreiteten Arme rennen. Man kann das als eine neue Chance im Leben begreifen, was viele Großeltern auch tun – zur Freude ihrer Nachkommen. Enkelkinder kommen zu uns in einer Lebensphase, in der vieles schon gelebt und abgeschlossen ist. Fehler oder verpasste Chancen sind zu beklagen. Die Sinne werden schwächer – Sehen, Hören, Riechen, Schmecken, Fühlen, Ahnen haben an Schärfe und Abenteuerlichkeit eingebüßt. Und dann kommen diese kleinen Menschen mit der ganzen Wucht ihres Staunens. Alles wird neu und aufregend: Eine Blume! Ein Stein! Ein Stock! Ihr Verhältnis zur Welt ist von schier grenzenlosem Forscherdrang getrieben. Sie streben nach vorn und gucken nicht zurück. Sie verschenken mit ganz anderer Großzügigkeit ihre Liebe als es unsere Eltern, Geschwister, Ehepartnerinnen oder -partner, Freundinnen und Freunde oder gar die eigenen erwachsenen Kinder je fertigbrächten.

Es entsteht eine wechselseitige Beziehung, die im Leben eines Menschen von großer Bedeutung sein kann. So erzählt es Helga Schubert, die selbst im hohen Alter aus den Erinnerungen an ihre Großmutter Kraft schöpft. Bei Ulla Hahn ist es in einer bildungsfernen Familie der Großvater, dem sie ihr lebenslanges Vertrauen in sich selbst verdankt. Überhaupt haben es die Kinder bei ihren Großeltern oft besser als ihre Eltern. Es müssen nicht mehr so große Erwartungen erfüllt werden, wie es die Erinnerungen Frido Manns zwischen den Zeilen verraten. Großeltern haben in ihrem Leben viel Glück erfahren, aber auch viel Schmerz erlitten. So können sie, wenn es gut läuft, der nächsten Generation sanft und wohlwollend begegnen und mit Ruhe und Sorgfalt auf ihre Enkelkinder eingehen. Sie stehen nicht unter demselben Druck wie die Eltern.

Wie groß die Sehnsucht nach entfernt lebenden Enkelkindern sein kann, beschreibt Alina Bronsky, in deren Roman die Großmutter ihrer Enkeltochter etwas mitgeben möchte. Bei Franz Hohler wird darauf angespielt, dass Betrüger die grenzenlose Großelternliebe auszubeuten trachten mit den sogenannten Enkeltricks. Sie schaffen es, erfolgreich zuzuschlagen, wenn alte Menschen schusselig werden, ihr Gedächtnis Löcher bekommt und sie ihre Enkelkinder, aus welchen Gründen auch immer, kaum kennen.

Natürlich leben aber nicht alle Großeltern von ihren Nachkommen entfernt, und so gibt es auch solche, die in unmittelbarer Nähe nachhaltig Einfluss nehmen können, die die Enkelkinder als zweite Möglichkeit sehen, das eigene Weltbild weiterzureichen. Heinrich Böll und Gerhart Hauptmann beschreiben solche Großeltern. Frances Hodgson Burnetts kleiner Lord entkommt gerade noch den Umerziehungsversuchen seines Großvaters, und Johanna Spyris Heidi erobert das Herz ihres Großvaters im berühmten Sturm und verändert ihn ihrerseits durch die natürliche, sonnige Heiterkeit ihres Wesens. Wie lange auch kleinste Erinnerungen in den Seelen fortwirken, kann man bei Johann Wolfgang Goethe beobachten in seiner Erzählung über das Spielen bei der Großmutter. Und eine durch den Großvater geschaffene Zauberwelt erlebt der kleine Jasper in Max Scharniggs Roman.

Auch das Bewusstsein für die eigene Familiengeschichte kann über die Großeltern geprägt werden. Theodor Storm erinnert sich an eine Familientradition, die durch die Geschichten der Großmutter weitergegeben wird, und Walter Benjamin denkt an seine Kindheit in Wien in einer assimilierten, großbürgerlichen Familie. Großeltern können auch Lehrmeister sein für unser eigenes Altwerden, zum Beispiel wie der Großvater bei Peter Härtling, genannt Alter John. Und Henning Scherf ist überzeugt davon, dass wir heute andere Wohnmöglichkeiten schaffen sollten, um das Zusammenleben mehrerer Generationen konfliktfrei hinzubekommen: Große Wohnungen für die Kernfamilie und kleine Wohnungen für die Großeltern in der Nähe, denn für Großeltern, Kinder und Schwiegerkinder ist es gut, wenn sie erst einen Mantel anziehen müssen, um sich gegenseitig zu besuchen.

Wer mit Menschen zu tun hat, die in ihrer Rolle als Großeltern aufgehen, weiß: Nur einer zieht schneller als der Sheriff – und zwar Oma oder Opa die Fotos ihrer Enkelkinder. Jedes Enkelkind ist natürlich ein Genie, eine Schönheit, erstaunlicher als alle anderen Kinder gleichen Alters. Das ist für Nicht-Großeltern manchmal schwer nachzuvollziehen.

Eine vielfache Großmutter hat mir einmal gesagt: Für uns gelten die drei großen »S«: Spielen, Schenken, Schweigen. Wobei sich Schweigen auf die eigenen Kinder bezieht, den Eltern unserer Enkelkinder, denen man tunlichst nicht unentwegt sagen darf, wie man Kinder zu erziehen hat, deren Leben wir auf keinen Fall rezensieren sollten und denen wir nicht dauernd verbessernde Vorschläge machen sollten. Der Köcher voller guter Ratschläge muss geschlossen bleiben können. Anders ist es mit den Enkelkindern, denen wir unentwegt Geschichten von früher erzählen dürfen, die mit kleinen Lebensweisheiten gespickt sind. Die Kleinen empfinden solche Geschichten nicht wie ihre Eltern als versteckte Vorwürfe, Kritik oder gar Angriffe. Da dürfen es gerne auch Erzählungen aus der Kindheit ihrer Eltern sein, die davon handeln, wie diese die gestrengen Regeln, die sie ihren Kindern vorgeben, selbst nie eingehalten haben. Oder dass es damals durchaus sehr schlechte Zeugnisse gegeben hat. Großeltern dürfen eben auch anarchisch sein.

In fast allen Romanen tauchen irgendwo Großeltern auf, und viele davon möchte man aufgreifen und zitieren. In dem 2022 erschienenen Roman *Susanna* von Alex Capus zum Beispiel ist die Großmutter diejenige, die dem Enkel den Besuch einer Cowboy-Show ermöglicht, den er sich so dringend und leidenschaftlich wünscht. Seine Mutter ist dagegen, aber die Großmutter geht sogar wiederholt mit dem Enkel zu den spektakulären Vorführungen und bezahlt die teuren Tickets, um dem Jungen eine Freude zu machen. Für die wohlerzogene Großmutter ist der Enkel ein spätes, unerwartetes Glück. Ihr Leben schien schon vor lauter Gleichmaß und Langeweile seinem Ende entgegenzudümpeln. Mit ihrem Enkel kann sie wieder albern wie ein junges Mädchen sein, Räuber und Gendarm spielen und sich im Kinderzimmer unter imaginären Schusswunden krümmen. Der Alltag einer Großmutter eben.

Ein solches Verhalten von Großeltern wurde in den USA und Europa vermutlich erst im 18. Jahrhundert denkbar, als die ersten Ethnologinnen und Ethnologen in ferne Erdteile reisten und Berichte über Völker veröffentlichten, die ihre Kinder ohne Zwang erzogen. Die Forschenden beobachteten erstaunt, wie geduldig und nachsichtig manche Naturvölker mit den Kindern umgingen. Die Kinder wurden dort zur Überraschung der Forschenden mit Liebe und Langmut erzogen und nie geschlagen. Besonders die Alten kümmerten sich aufopferungsvoll um sie. Die Kleinen tyrannisierten ihre Eltern und Großeltern wie überall auf der Welt, aber sie wurden dafür nicht bestraft. Bestimmte Fertigkeiten, wie Netze flicken oder Körbe flechten, wurden mit viel Geduld besonders von den Großeltern weitergegeben.

In meiner Kindheit gab es Großmütter, die noch wussten, welche Wildkräuter oder Gewürze ein unauffälliges Essen zu einer kulinarischen Sensation machten. Manchmal hielten wir solche Großmütter für Hexen. Sie ließen keinen Krümel Essen verkommen, aus sauer gewordener Milch machten sie Dickmilch, verschimmelte Stellen am Brot kratzten sie ab und brieten den Rest mit Ei. Überhaupt konnten sie vieles, das für verdorben gehalten wurde, in etwas Genießbares verwandeln. Die Großväter hingegen guckten sich einen kleinen Puppentisch an, der kaputt gespielt worden war, und machten ihn mit ein bisschen Liebe und Leim wieder heil. Sie legten Fahrradschläuche in Wasserschüsseln, um die Löcher zu finden, und sie trauten ihren Enkelkindern zu, mit dem Messer zu schnitzen.

Die Großeltern heute haben Führerscheine und Termine. Sie können – manchmal erst mit Hilfe der Enkelkinder – mit dem Internet umgehen und haben ihre Fahrkarten auf dem Handy. Großeltern und die Bilder, die wir uns von ihnen machen, wandeln sich in jeder Epoche. Was durch die unterschiedlichen Zeitläufte bleibt, ist, dass sie eine Bedeutung für Kinder haben, die man gar nicht überschätzen kann. Ihre Präsenz sorgt dafür, dass wir nicht vergessen, dass alte Menschen sterben müssen, um neuem Leben Raum zu geben. Sie zu umarmen kann bedeuten, ihre Geheimnisse und Weisheit einzuatmen und etwas zu lernen, das wir nur von ihnen beigebracht bekommen können. Sie haben im günstigen Fall die Kraft und Erfahrung, uns zu vermitteln, dass das Leben oft tiefe Wunden reißt und wie man wulstige Narben verbirgt. Auch ohne Erzählkunst lehren sie uns, dass die Vergangenheit nicht korrigiert werden, aber man sie nochmals besuchen kann. Zusammengenäht wie alte Steppdecken können sich Erinnerungen mit uns friedlich niederlegen. Das lehren uns unsere Großeltern.

Liebe
ohne Bedingung

HELGA SCHUBERT
VOM AUFSTEHEN

ULLA HAHN
DAS VERBORGENE WORT

ANNEMARIE STOLTENBERG
OMA UND DIE LEBENSFREUDE

HELGA SCHUBERT

Vom Aufstehen

Die deutsche Schriftstellerin Helga Helm, die unter dem Pseudonym Helga Schubert schreibt und 1940 geboren wurde, gehört zu einer Generation, deren Kindheit geprägt wurde von Eltern, die den Zweiten Weltkrieg erlebt hatten. Ihr Vater starb 1941 als Soldat. In ihren Lebenserinnerungen, die sie in dem Buch *Vom Aufstehen* (2021) in viele kleine Geschichten aufgeteilt hat, spielt die Großmutter eine zentrale Rolle als eine Art emotionaler Glutkern, einer Beschützerin des Kindes. Beschrieben wird sie augenzwinkernd mit all ihren Eigenheiten und Macken, vor allem aber als Schöpferin eines soliden seelischen Rüstzeugs für das ganze Leben.

Mein idealer Ort

Mein idealer Ort ist eine Erinnerung:

An das Aufwachen nach dem Mittagsschlaf in der Hängematte im Garten meiner Großmutter und ihres Freundes (mein alter Freund, sagte sie) in der Greifswalder Obstbausiedlung am ersten Tag der Sommerferien.

Immer am ersten Tag der langen wunderbaren Sommerferien.

Neben mich auf einen extra dorthin geschleppten Holztisch

hatte dann ihr alter Freund (er war vor und im Zweiten Weltkrieg Chef der Konsumbäckerei, und seine Frau hatte sich vor dem Einmarsch der Roten Armee erhängt) ein großes Stück warmen Streuselkuchen auf einen Porzellanteller gelegt, den er zu meiner Begrüßung gebacken hatte.

Wie immer am ersten Tag meiner Sommerferien.

Meine Großmutter, sie hatte ihren üppigen Körper auch im Sommer in ein Korsett geschnürt, kam aus der Küche mit einer Kanne Muckefuck für ihn und mich. Für sich hatte sie in der Tasse einen Bohnenkaffee aufgebrüht: Meine Medizin, das brauche ich für mein Herz.

Ich durfte in der Hängematte liegen bleiben und von dort mein Stück Kuchen essen und die Tasse Muckefuck trinken. Die Hängematte war zwischen zwei Apfelbäume geknotet, unter mir lagen die Falläpfel, über mir hingen die reifen Kläräpfel, neben mir standen die Büsche mit den roten, weißen und schwarzen Johannisbeeren. Weiter weg die stacheligen Stachelbeerbüsche.

Ich lag im Schatten, und es war ganz still. Und es duftete nach dem warmen Kuchen. Dann machte ich die Augen auf. Es war mein Sehnsuchtsort.

Am Vortag war ich allein mit dem Zug aus Berlin gekommen. Gleich nach der Zeugnisausgabe am letzten Schultag musste ich dort nur meine Mutter im Dienst anrufen, ihr meine Zensuren vorlesen, mich für eine eventuelle Zwei entschuldigen, wieso hast du da keine Eins, du brauchst doch nur in die Schule zu gehen und nicht den ganzen Tag zur Arbeit wie ich, dir fällt doch alles so leicht, dann musst du einfach ein wenig fleißiger sein, was hat denn Gaby in dem Fach, siehst du, eine Eins.

Ich musste mich nur von der Telefonzelle aus von meiner Mutter in ihrer Dienststelle verabschieden, bis zum letzten Tag der Sommerferien durfte ich nun bei meiner Großmutter bleiben.

Als ich an diesem letzten Schultag wie jedes Mal seit 1947 in meinem siebten Lebensjahr am Bahnhof Greifswald aus dem Zug stieg mit meinem kleinen Koffer, den ich am Vorabend gepackt hatte, standen sie schon da: Meine Großmutter und ihr alter Freund. Sie presste mich an sich: Meine Lütte. Und er schnürte meinen Koffer auf seinen Gepäckträger. Dann gingen wir zusammen zur Drogerie am Markt, um mich zu wiegen. Ich wog nicht viel mehr als am letzten Ferientag des vergangenen Jahres. Ich war dünn, groß und knochig, sie wollte mich in den Ferienwochen füttern und dann zum Schluss meiner Mutter, ihrer Schwiegertochter, mit der sie im Übrigen keinen Kontakt hatte, das Ergebnis in zugenommenen Kilos mitteilen wie einen Sieg.

Zu den Bekannten, die wir in der Altstadt trafen, sagte sie: Das ist die Tochter von meinem Gerd. Sie darf die ganzen Ferien bei mir bleiben. Dann schob ihr alter Freund neben uns das Fahrrad bis zum Haus im Apfelweg, bestimmt eine Stunde.

Als wir den Begrüßungskaffee getrunken hatten, räumte meine Großmutter das Geschirr wieder in die Küche. Ich stieg aus meiner Hängematte, in die sie eine Wolldecke gelegt hatte, und half ihr zu tragen. Dann sollte ich die Kläräpfel vorsichtig abnehmen und einzeln nebeneinander in flache Kisten legen, die schwarzen, weißen und roten Johannisbeeren und die blauen und grünen Stachelbeeren in Körbe pflücken. Der alte Freund begann, den Handwagen mit den Obstkisten für den nächsten Tag zu packen. Am frühen Morgen des zweiten Ferientages zog er mit mir den Handwagen eine Stunde bis zum Markt, baute die Kisten auf den bereitstehenden langen Tischen auf, auch die Waage mit den Gewichten, daneben die Papiertüten. Schnell bildete sich eine Schlange, und ich verkaufte alles. Er konnte sich eine Zigarre anzünden und mit den anderen Verkäufern ein wenig plaudern.

Wenn ich alles verkauft hatte, zogen wir den Handwagen zurück zu meiner Großmutter, die nie auf dem Markt verkaufte: Sie war doch die Witwe des verstorbenen Schulrektors; darum ließ sie sich auch mit Frau Doktor anreden; denn sie hatte ihm ja seine Doktorarbeit ins Reine geschrieben.

Als wir zurückkamen, hatte sie schon das Mittagessen gekocht, goss die Kartoffeln ab, wenn wir das Tor öffneten. Nach dem Essen wusch sie alles gleich ab, ich dagegen musste nicht abtrocknen, sondern durfte mich in die Hängematte legen und lesen, bis ich einschlief und wieder aufwachte:

Am gedeckten Kaffeetisch.

Bis zum Ende des Sommers. So konnte ich alle Kälte überleben. Jeden Tag. Bis heute.

Helga Schubert: »Mein idealer Ort«. Aus: *Vom Aufstehen.* dtv [7]2021. S. 7–10. – Mit freundlicher Genehmigung der dtv Verlagsgesellschaft mbH & Co. KG

Das verborgene Wort

In ihrem Roman *Das verborgene Wort* (2001) verarbeitet Ulla Hahn ihre eigene Kindheit am Rhein, wo sie, 1945 geboren, in einer einfachen Arbeiterfamilie aufgewachsen ist. Sie beschreibt eine Familie, in der eher ruppige Umgangsformen herrschen, mit einer überlasteten, erschöpften Mutter, einer herrischen Großmutter und einem Angst und Schrecken einjagenden Vater. Die liebevollste Rolle spielt für das Mädchen Hilla ihr Großvater, der mit den Kindern am Fluss spazieren geht und ihnen Geschichten erzählt. Später liebt Hilla es, selbst Geschichten zu lesen in Büchern, deren Lektüre ihr allerdings strikt verboten wird. Sie soll sich nicht für etwas Besseres halten. Der Großvater dagegen hält Hilla und ihren Bruder für das Beste, was er hat.

Lommer jonn, sagte der Großvater, lasst uns gehen, griff in die Luft und rieb sie zwischen den Fingern. War sie schon dick genug zum Säen, dünn genug zum Ernten? Lommer jonn. Ich hing mir mein Weidenkörbchen über den Arm und rief den Bruder aus dem Sandkasten. Es ging an den Rhein, ans Wasser. Sonntags mit den Eltern blieben wir auf dem Damm, dem Weg aus festgewalzter Schlacke. Zeigten Selbstgestricktes aus der Wolle unserer beiden Schafe und gingen bei Fuß. Mit dem Großvater liefen wir weiter, hinunter, dorthin, wo das Verbotene begann, und niemand schrie: Pass op de Schoh op! Pass op de Strömp op! Pass op! Pass op! Niemand, der das Schilfrohr prüfte für ein Stöckchen hinter der Uhr.

Vom Westen wehte ein feuchter, lauer Wind. Der Rhein roch nach Fisch und Metall, Seifenlauge und Laich, und das Tuten der Schleppkähne, bevor sie an der Raffinerie in die Kurve gingen, war schon jenseits des Dammes in den Feldern und Weiden zu hören.

Ich riss mich los von der Hand des Großvaters, rannte vorwärts, zurück, ergriff seine Hand, ließ sie fahren und hielt sie wieder, fiel hin und stieß mir das Knie, schrie, Freudenschreie, aufsässig und wild. In einem weiten Bogen führte ein Pfad die Böschung hinab durch sumpfige Wiesen, durchs Schilf ans Ufer aus Sand und Kies.

Der Großvater ging voran, dicht am Wasser entlang. Flache Wellen füllten die Mulden, die sein Klumpfuß im nassen Sand hinterließ, winzige Teiche, eine blinkende, blitzende Spur, wie nur er sie schaffen konnte.

Wo im seichten Wasser am Ufer die Algen schwangen, zeigte er uns den Bart des Wassermannes, ein gewaltiges grünes Gestrüpp, das nichts von seinem Gesicht erkennen ließ und von der Piwipp, einem Bootshaus am gegenüberliegenden Ufer, bis zur Rhenania reichte. Sprang ein Frosch hoch, sagte der Großvater Prosit! und wir riefen Hatschi! Der Riese hatte geniest.

Hürt ihr de Welle? fragte der Großvater und legte den rechten Mittelfinger auf den Mund. Den Zeigefinger hatte er als junger Mann in der Maggifabrik verloren, noch bevor er aus der Schweiz ins Rheinland gewandert war.

Wir hörten die Wellen und gaben Antwort, sprachen die Wellensprache; doch niemals so gut wie der Großvater, den keine Zähne mehr störten, der schlpp machte, schlpp wie die Wellen. Schlpp, schlpp, das hieß ja, wenn die Welle die Kiesel am Ufer überströmte, Nein, wenn sie sich zurückzog. Ja und Nein; Ja und Nein. Der Rhein wusste Bescheid. Beides gehörte zusammen. Fragte man im richtigen Augenblick, bekam man die richtige Antwort.

Ganz wie die Menschen sprach der Rhein. Milde, wenn der Wind ihn nur leicht bewegte, herrisch und aufbrausend, wenn die Schleppkähne, bergehoch mit Kohle beladen, stromaufwärts tuckerten und ihre Wellen die verbotenen schwarzen Steinhaufen überspülten. Böse Riesen hätten die Haufen zusammengeworfen, um den Rhein aus seiner Bahn zu bringen. Aber die Kribben hielten den Rhein in seinem Bett, tobte er auch so zornig dagegen wie zu Hause der Vater.

Lieber hörte ich auf den Wind in den Bäumen. Kein Baum rauschte wie der andere. Sie sprachen anders zu allen Jahreszeiten, und im Winter verstummten sie beinahe ganz. Sichtbar brachte der Wind Schilf und Pappeln zum Reden, die auf seinen geringsten Anruf antworteten, als wollten sie ihm folgen. Lurt ens, sagte der Großvater, schaut mal, wenn im Frühjahr der Pappelsamen flog, do wandere de Bööm.

Wir sammelten flache Steine, nicht dicker als eine Graubrotscheibe, von der Großmutter geschnitten. Wenn der Großvater in die Knie ging und sie aus einer Drehung des Oberkörpers heraus übers Wasser schickte, war jede Berührung von Strom und Stein Station auf seiner Reise. Einmal, zweimal, dreimal; Kiesberg, Holtschlösschen, Großenfeld; Endstation der Elektrischen, die halbstündlich hinter unserem Garten in den Gleisen quietschte. Wollten wir weiterreisen, mussten wir weiterzählen. Fünfmal ging es nach Rüpprich zum falschen Großvater, dem Stiefvater des Vaters, siebenmal war Schloss Burg. Zehnmal war Kölle. Ließ der Großvater einmal wie aus Versehen einen Stein, Plumps! versinken, schrien wir Düsseldörp! Eine glatte Null.

Bei unserer Weide sammelten wir Steine fürs Ritterspiel. Nie machten wir den ersten Ausflug im Jahr zu den Weiden, bevor wir nicht unter den größten und schönsten Busch, unter unsere Weide, die Großvaterweide, kriechen konnten und die Zweige über uns zusammenrauschten.

Kleine, runde Steine brauchten wir zuerst, Zwerge und Diener. Sie mussten mich zu Kaisern und Königen, Prinzessinnen und Feen, den Bruder auf die Spuren finsterer Räuber und kühner Ritter führen. War ein grauer Spitzling ein Räuberhauptmann oder doch ein Kunibert, ein Ritter? Hexen waren rau und buckelig, Feen warm und glatt. Die Königsbraut, weiß, seidig und eiförmig, wurde mit Erde eingerieben; grau und unscheinbar getarnt, hatte sie unter tiefhängenden Weidenzweigen ihrer Erlösung zu harren. Die kam mit dem König, dem sonderbarsten und dicksten Stein, einem Kaiser, wenn er durchlöchert war. In einer Weidenkutsche machte er sich auf die Suche nach einer Frau. Einmal um die Weide, wo der Großvater auf seinem Taschentuch saß, ging der Weg in die weite Welt, gefährlich bevölkert von düsteren Räubern, die wir gemeinsam mit Ritter-Kuniberten einen nach dem andern in den Sand streckten.

Versteckte der Großvater die Königsbraut, vermuteten wir böse Mächte, bis er den Zauberstein aus seiner Westentasche zog und in die Sonne hielt, ein dunkellila Strahlenbündel, prächtiger als der Kranz der Maria im Kapellchen, das Auge Gottes in der Kirche, und ebenso allwissend. Immer blitzte der herrliche Stein dorthin, wo die Königin ihrer Entdeckung harrte. Frohgemut fuhr ihr Erlöser vor, lud die mit Erde Beschmierte auf und spülte sie hochzeitlich sauber in den Wellen des Rheins.

Im Schloss unter der Weide spielten wir mit unseren Schilfrohrflöten zum Hochzeitsschmaus auf. Jedes Mal tat der Großvater, als sei sie verschwunden, bis er sie schließlich aus dem Hemdkragen, dem Schuh, dem Ohr hervorzog oder einfach aus dem Ärmel schüttelte, seine Hohners-Mundharmonika. Ein Bienenschwarm brauste von seinen Lippen, der Großvater nickte uns zu, stampfte im Takt mit seinem gesunden Bein, und ›Fuchs, du hast die Gans gestohlen‹, ›Hänsjen klein‹, ›Komm lieber Mai‹ schwang der König die Königin im Kreis. ›Die Steine selbst, so schwer sie sind‹, sangen wir und schickten die entzauberten Ritter, Könige und Zwerge auf Wanderschaft ins Wasser.

Nach einer Weile zauberte der Großvater seine Mundharmonika wieder weg und hexte Hasenbrote hervor. Köstliches Graubrot mit Rübenkraut oder Holländerkäse. Jede Scheibe einzeln wollte er den Hasen abgejagt haben. Von der Großmutter kam nur das Pergamentpapier. Das musste man falten und wieder mit nach Hause bringen. War das Brot vom bösen Hasen, wollten wir wissen, dem mit den grausigen Zähnen und Ohren, so lang, dass er sie am Hinterkopf verknoten musste, um beim Hakenschlagen nicht draufzutreten. Immer war es dem Großvater am Ende gelungen, den Hasen hereinzulegen, sei es, dass er sich ein grünes Taschentuch über den Kopf gelegt und der Hase ihn für einen frischen Kohlkopf gehalten hatte, sei es, dass es ihm geglückt war, dem Hasen Salz auf den Schwanz zu streuen. Jedes Mal zog der Großvater sein Taschentuch oder ein Backpulvertütchen mit Salz hervor, seine Waffen, Beweis für Jagd und Beute.

Nach dem Essen nahm der Großvater mich in seinen rechten Arm, den Bruder zwischen die Knie, und wir gingen auf Reisen zur alten Kopfweide zwischen Pappeln und Erlengestrüpp, ein paar Meter von uns entfernt.

Nur dä Stamm, sagte der Großvater. Ich heftete meine Augen auf das rissige Anthrazit, die gekrümmte, schrundige Borke, die matt glänzenden, unregelmäßig gekerbten Rechtecke der Rinde, ihre Vertiefungen, holzigen Rinnsale, grün, wo der Wind das alte Holz feucht verfärbt hatte. Meine Augen öffneten die Weide, öffneten sich für die Weide, Weide wurde zu Augen, die Augen zu Weide, Augenweide. Stark und spielerisch, frei und beharrlich genoss ich jede Bewegung der Pupillen, vor und zurück, auf und nieder, Kreise und Winkel von dunklen und hellen Flecken, schwebend im Raum und tief in die Dinge getaucht. Wie viele Seiten hatte ein jedes Ding? So viele, wie wir Blicke für sie haben, sagte der Großvater.

Regungslos lagen wir auf dem Rücken im Sand, wenn der Großvater befahl, die Augen zu schließen und die Ohren auszustrecken. An geschmeidigen Röhren fuhr ich meine Ohren in die Landschaft hinaus, näherte mich dem Erdboden, den zirpenden Grillen, ein betäubender Lärm, suchte nach stillen Fleckchen im Gras, hörte das beharrliche Trommeln seiner Wurzeln, das Zischen millionenfacher grüner Zungen, hörte die Käfer fressen, ein kleines Knacken, winziges Knistern, der Käfer kam näher, die Käferkiefer fragten: Wo bist du Biss, du, als wollten sie mich fressen. Ich zog die Ohren ein. Fuhr sie im hohen Bogen durchs zischelnde Schilf ins Sausen der Pappeln, hier einen Kuckuck schnappend wie der Fisch die Mücke, dort ein Bienensummen, Hummelbrummen, Libellensirren, Das Tuscheln der Wellen, ihr aufgeregtes Schlagen, wenn ein Kahn sich näherte, den Rhein hinauf oder hinunter, beladen oder leer. Mit meinen ausgestreckten Ohren lauschte ich es den Wellen ab; ließ die Ohren ein Stück weit auf den Kähnen fahren; das Flattern der Wäsche im Wind, das Bellen des Hundes an Bord, das Klappern der Töpfe aus der Kombüse, helle Frauenstimmen, die rauen der Männer, Kindergeschrei. Über allem aber das Stampfen der Maschinen, so, dass ich die Ohren bald wieder zurückzog, sie hochfuhr, weit in den Himmel hinein, bis sie dort pendelten und an meiner Kopfhaut ruckten wie ein Luftballon in der Hand. Zwischen den Wolken schwangen sie oder standen einfach im Blau, kein schönerer Laut auf der Welt als die Sehnsuchtsstille des Himmelblaus, so süchtig machend nach einer Stille, die stillt, Sehnsucht stillt, dass ich die Ohren immer nur für Sekunden hoch oben lassen konnte, so sehr zerrten sie an meinem Kopf, als wollten sie ihn zu sich hinaufreißen. Langsam zog ich die Ohren dann wieder näher durch Pappeln, Schilf und Gräser, bis ich tief in mir das Rauschen meines Blutes vernahm, den Herzschlag in meiner Brust. Der Großvater schnarchte.

Im Kindergarten hob Aniana, die Kinderschwester aus dem Orden der Armen Dienstmägde Christi, jeden Nachmittag ein großes, schweres Buch aus einer Kommode, setzte sich damit in ihren hohen Stuhl, rückte das Fußbänkchen zurecht und las vor. Es war einmal, und es war immer wieder anders. So, wie es der Großvater auch immer wieder anders wusste; von den Pappelsamen, die von ihrer Reise zurückkehrten; von den Wellen und ihren Meeresabenteuern; von Hexen und Zauberinnen in den Bergen und Tälern bei Bingen und Bacharach; vom Dom ze Kölle, Jan un Griet und den Heinzelmännchen, der schönen Loreley und dem wilden Wassermann.

Aber der Großvater hatte seine Geschichten nur im Kopf. Aniana im Buch. So wie der Pastor ein Buch hatte am Altar. Eine Messe lesen hieß es ja auch. Ein Buch lesen. Aniana konnte lesen. Die merkwürdigen schwarzen Kräuselzeichen in Wörter verwandeln, in Sätze und Geschichten. Das konnte der Großvater nicht. Er konnte viel erzählen. Aber nichts beweisen. Er hatte nichts schwarz auf weiß.

Ich stahl mich dem Großvater aus dem Arm, ließ ihn mit dem schlummernden Bruder bei der Weide zurück, strolchte am Ufer entlang und stocherte mit der Schuhspitze, unbekümmert um Kratzer und weiße Ränder, zwischen den Steinen. In der Ferne verschwand ein Kahn, ein paar Möwen lagen in der Nachmittagswärme schlafend auf dem Wasser.

Auch zu Hause gab es ein Buch, das Heiligenbuch. Es war fast so heilig wie das Kreuz, das der Großvater mit der Laubsäge aus

Sperrholz geschnitten hatte. Das Kreuz mit dem düsteren, bleiernen Heilandskörper hing um die Ecke der Küche. Das Heiligenbuch stand darunter, neben dem ewigen Licht, einem Öllämpchen, das freitags um drei, zur Sterbestunde Jesu, angezündet und am Sonntagabend wieder ausgedrückt wurde. Niemand rührte das Buch an.

Als ich gegen den Stein trat, zuckte es durch den Zeh das Schienbein hinauf: Er hatte eine tiefe Schramme in meinen Schuh geritzt. Der Stein gehörte zur Strafe in den Rhein. Ich holte aus. Aufgeschreckt durch die jähe Bewegung, stoben Möwen auf, etwas traf warm und weiß meine Hand, den Stein. Wenns vom Vogel am Himmel auf dich fällt, bringt das mehr Glück als jeder Schornsteinfeger! Ich starrte auf meine Hand, den Stein, Hand und Stein durch gräulichen Schleim miteinander verbunden. Tauchte den Stein in die Wellen. Durch sein unscheinbares, stumpfes Grau schlängelten sich feine weiße Linien, immer wieder unterbrochen, ineinander verschlungen, sich kreuzend: Der Stein war beschrieben! Beinah wie auf den Linien im Schreibheft der Cousinen, fast so gerade wie die Zeilen in Anianas Buch.

Ich glaubte an das Jesulein in der Krippe, an Jesus am Kreuz, an Jesus, auferstanden von den Toten, an die Müllerstochter, die Stroh zu Gold spinnen konnte, den Froschkönig, der sich in einen Prinzen, die Hexe, die sich in einen Drachen verwandeln konnte. Glaubte an Engel und Teufel wie an Onkel und Tanten. Der Stein war ein Wunder. Einer hatte diesen Stein in ein Buch verwandelt. Jedenfalls beinahe. Opa, lur ens[1], wat steht do?

Mit einem knarrenden Schnarchlaut fuhr der Großvater hoch. Schlaftrunken riss der Bruder die Augen auf und drehte sich zur Seite.

Opa, wat steht do? Ich hielt den Stein in der Linken, mein rechter Zeigefinger klopfte auf die Äderung.

Wat do steht? Der Großvater holte sein Brillenetui aus der inneren Rocktasche, setzte die Brille auf, wie er es sonntags zum Studium des Kolpingblattes tat, benetzte seinen Zeigefinger mit Spucke und fuhr die hellen Linien entlang, dass sie feucht aufglänzten aus dem matten Grau. Er bewegte den Kopf, die Augen von links nach rechts, und räusperte sich, wie der Pastor auf der Kanzel, bevor er das Evangelium las.

Tja, sagte der Großvater und sah mich an. Seine Augen schimmerten in einem Kreis feiner Fältchen grau und grün wie die Blätter der Weiden. Do has de dir wat jans Besonderes usjesöökt. Dat he es ene Boochsteen. Ein Buchstein.

Es gab einmal, erklärte der Großvater, einen Stein, der alles verwandelt. Er leuchtete im Dunkeln und im Hellen. Als er aber vom Himmel auf die Erde gefallen sei, vor vielen Millionen Jahren, gleich nachdem Gott Himmel und Erde erschaffen habe, seien tausend und abertausend Steinchen abgesplittert und hätten sich über unsere Welt verstreut. Sie alle enthielten nun winzige Bruchteile dieses Himmelssteins. Dies seien die Buchsteine, de Boochsteen. Wer diese Splitter finde, sei selbst ein Licht und leuchte in der Welt. Sei gut und schön und ein Mensch, den alle lieben. Schon das kleinste Teilchen des Steins mache die Menschen selber gut und schön.

Un wer hät die beschrevve? fragte ich.

Großvater war, während er die Geschichte vom Himmelsstein erzählt hatte, von der Weide weg an den Rhein gegangen. Seine Augen hatten die Farbe des Stroms angenommen, grau und blau strahlten sie aus ihrem Faltenkranz.

Na, wat jlövs du dann?

Dä, dä leeve Jott? fragte ich stockend. Von ihm kam ja alles, was mir begegnete, mich umgab, und eine Zeitlang hatte ich gar nicht genug kriegen können, Mutter und Großmutter mit immer neuen Gegenständen an die Beine zu stippen und zu fragen: Die och? Sogar aufs Töpfchen kriegte man mich im Handumdrehen, als man mir versicherte, dat Pöttsche kütt vom leeve Jott, dä mät dat och so[2]. Als ich begriffen hatte, was allmächtig hieß, hatte ich für kurze Zeit einen Verbündeten in ihm zu finden geglaubt. Aber er war wohl allmächtig immer da, wo ich gerade nicht war. In der Altstraße jedenfalls hatten Vater, Mutter und Großmutter den längeren Arm.

Ja, sagte der Großvater, dä och. Ävver nit nur dä alleen. All die Hellije und die Engelsche han[3] em jeholpe. För Kenger[4] han de Schutzengelsche jeschrievve.

Das beruhigte mich. Un wat steht do, Opa? drängte ich weiter.

Dat kannst du och ald[5] läse. Du muss nur jenau lure.

Ich drehte den Stein nach allen Seiten und schüttelte enttäuscht den Kopf.

Na jut, der Großvater ließ sein Taschentuch knallen, setzte sich wieder und ruckte die Brille zurecht.

Bertram, rüttelte ich den Bruder, et jibt ne Jeschischte. Ihn schlafen zu lassen, hätte er mir nie verziehen.

Hier, der Großvater sah den Stein eine Weile an, steht die Jeschischte vom Pückelsche. Von einem kleinen Jungen, der einen Buckel hatte, aus dem sich, wann immer es nottat, Flügel entfalteten.

Jib mir dä Stein, Opa, sagte ich und wies den Bruder, der auch seine Hände ausstreckte, zurecht, du bes doch noch vell ze kleen. Du kannst doch noch ja nit läse. Loß mir dä Boochsteen. Hück owend[6] läs esch dir die Jeschischte vom Pückelsche vor.

Unsere Suche nach Buchsteinen wurde unermüdlich, fanatisch. Ich hielt mir die Steine so lange vor Augen, bis sie heraufstiegen aus den steinernen Zeichen, die schönen Frauen und Männer, Kinder und Tiere, Feld und Wald, Dörfer und Städte, Gutes und Böses, alles, was ich mir vorstellen konnte. Bisweilen wollte der Bruder wissen, ob auch etwas von unserer Pussi in den Steinen stünde oder vom Schneemann vor der Tür. Dann prüfte ich die Zeichen gewissenhaft, und es kam vor, dass sie wirklich ein paar Sätze über unsere Katze enthielten oder über den Schneemann, der, stand da geschrieben, sehr bald in der Sonne schmelzen würde. Der Bruder heulte. Ich blieb hart. Ich hatte es gelesen.

Spätestens wenn sich die Sonne ins Wasser schlich, machten wir uns auf den Heimweg, bliesen noch einmal unsere Schilfrohrflöte: aber das Fest war vorbei. Auf dem Damm ließ der Großvater seine Mundharmonika endgültig verschwinden. Unsere Pfeifen würde die Großmutter in den Ofen stecken. Wir zerbrachen sie überm Knie und warfen sie weg, in die Wiesen. Die Macht des Großvaters endete am Gartentor.

---

1 schau mal
2 das Töpfchen kommt vom lieben Gott, der macht das auch so
3 haben
4 Kinder
5 schon
6 heute Abend

Ulla Hahn: *Das verborgene Wort*. DVA 2001. S. 7–15. – © 2001, Deutsche Verlags-Anstalt, München, in der Penguin Random House Verlagsgruppe GmbH.

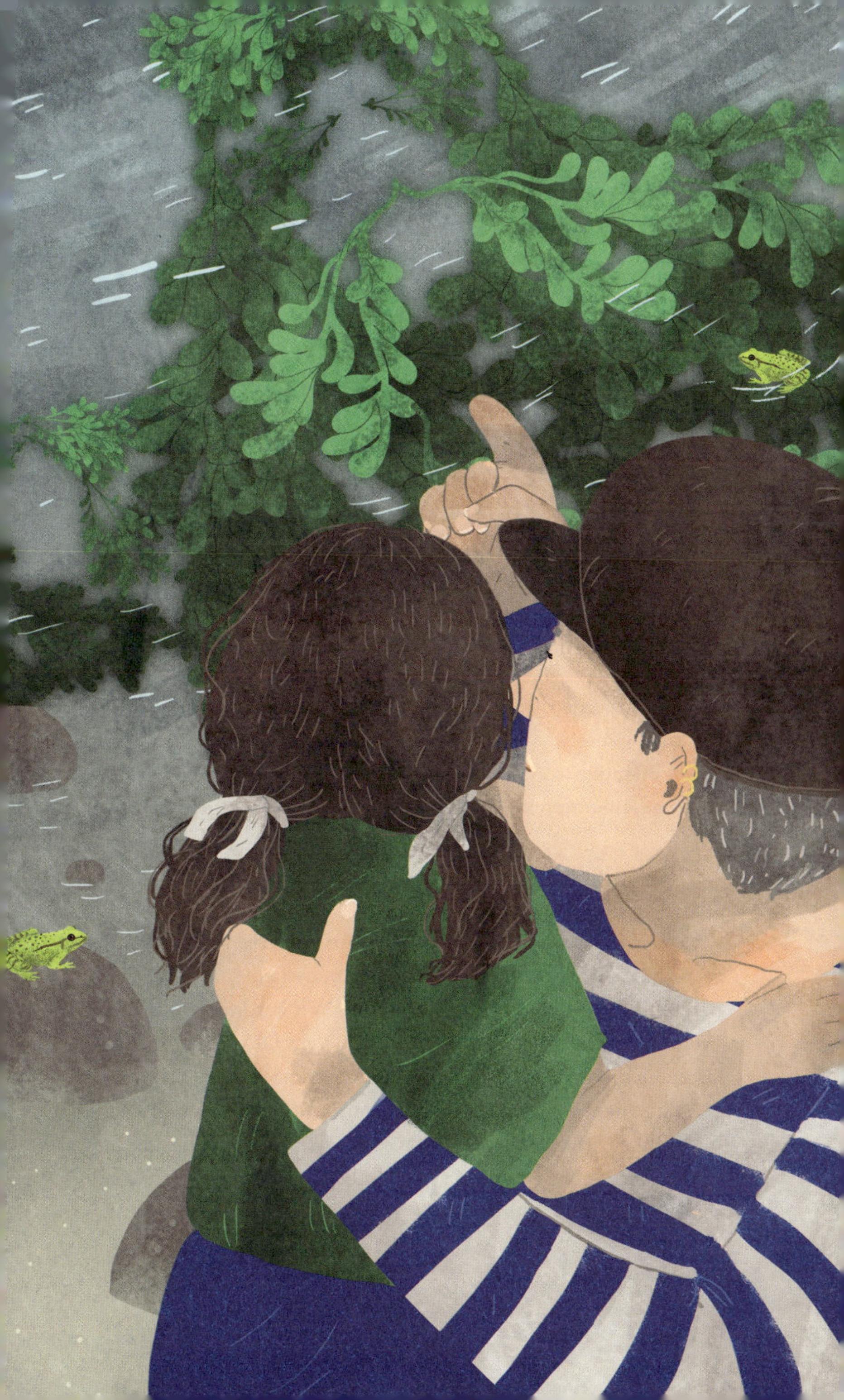

ANNEMARIE STOLTENBERG

Oma und die Lebensfreude

Als bei meiner hochschwangeren Tochter die Wehen einsetzten, sie mit ihrem Mann ins Krankenhaus fuhr und man stundenlang nichts hörte, war ich außer mir vor Sorge. Ob ich es ihr irgendwie leichter machen oder etwas von den Schmerzen abnehmen könnte? Nachts habe ich dann alle zwei Stunden im Krankenhaus angerufen, um aus dem Kreißsaal zu erfahren, ob es meinem Kind gutgeht. Man ahnt in diesem Moment noch nicht, dass nun ein weiterer Mensch dazukommt, um den man ebenso große Angst hat, dass ihm etwas passieren könnte. Was mich erwartete, war schier unendliches Glück, verbunden mit einem wieder vollkommen neuen Sorgenpaket: Willkommen!

Als mein erster Enkel zur Welt kam, starteten mein Mann und ich morgens um 5 Uhr im Sonnenschein mit dem Fahrrad, um ihn in der Klinik zu begrüßen. Wir konnten beide den Weg dorthin kaum erkennen, weil da so viele Glückstränen kullerten. Als ich den Kleinen wenige Stunden nach der Geburt auf den Arm nehmen durfte, guckte er mir mit ganz klarem Blick, mit dunkel funkelnden Augen mitten ins Herz. Ich dachte, in diesem Augenblick verfügt er noch über das gesamte Weltwissen, er weiß und versteht alles. Ich habe tapfer zurückgeguckt und versprochen: »Wir beide werden eine gute Zeit miteinander haben!« Später habe ich ihm oft die Geschichte erzählt, wie seine Eltern sich begegnet sind und nach etwa 30 Sekunden beschlossen hatten, dass sie Kinder miteinander haben wollten. Zuerst vor allem ihn, Emil. Inzwischen haben wir in den vergangenen Jahren schon viel miteinander erlebt, Abenteuer, Fehler, Ungerechtigkeiten und jede Menge Glück. Oft singt und tanzt er durchs Leben.

Einmal saß er mit seinen Buntstiften in seinem Kinderstuhl, breitete die Arme weit aus und rief: »Emil malt!« Zeichnen konnte er schon immer gut. Heute trifft er Charakterzüge und Stimmungen haargenau, zum Beispiel, wenn er seinen Opa zeichnet, der auf seinem Bild gerade Milchreis bekommt, den er partout nicht mag.

Als Emil sechs Jahre alt war, beschloss ich eines Tages, mit dem Fahrrad und ihm zusammen loszuziehen und eine Matratze für sein Hochbett zu kaufen sowie eine Schlafmatte, weil Besuch kommen sollte. Wir luden Matratze und Faltmatte aufs Fahrrad – und kamen damit natürlich nicht zwischen den parkenden Autos hindurch. Die Sachen mussten jedes Mal vom Gepäckträger runtergenommen, dann hochkant zwischen den Fahrzeugen hindurch und dann wieder rauf auf das Fahrrad gewuchtet werden. Einmal halfen Passanten, einmal zwei freundliche Streifenpolizisten – und dann wurde es meinem Enkel zu viel. Er meinte: »Ich wusste immer, dass du verrückt bist, Oma, aber nicht sooo verrückt.« Er stapfte davon, und als ich hinter ihm herrief, dass er mich im Stich lassen würde, meinte er: »Nein, ich hole bloß Hilfe.« Er ging, um seinen Opa herbeizurufen. Kinder studieren offenbar die Erwachsenen und ziehen ihre eigenen Schlüsse daraus.

Drei Jahre nach Emil kam Greta zur Welt. Eine ebenso erstaunliche Persönlichkeit vom ersten Augenblick ihres Lebens an. Etwas sperriger als ihr Bruder, aber genauso lustig und überschäumend fröhlich. Mitunter übt sie harsche Kritik an den Widrigkeiten des Lebens, die sie übrigens schon in ihren ersten Jahren laut und deutlich mitteilen konnte: ein finsterer Blick, verschränkte Arme und keine weiteren Worte. Dann wieder sprüht sie vor Lebenslust. Von Anfang an hat sie nicht nur ihren eigenen unzähmbaren Willen besessen, sondern auch ihren eigenen Geschmack und eine deutliche Vorstellung von Abläufen. Auch heute noch inszeniert sie ihre Auftritte mit Accessoires, Handtaschen und Sonnenbrillen. Sie arrangiert gerne Möbel, Kaffeetafeln, Kindereinkaufsläden oder Picknicks und ist so gelenkig, dass wir sie an einen Zirkus vermieten könnten. Abends ist sie dann rechtschaffen müde, und anders als ihre kapriziösen Geschwister legt sie sich zu Bett und lässt sich eine halbe Seite vorlesen. Danach schläft sie wie ein kleines Murmeltier bis zum nächsten Morgen, der üblicherweise damit beginnt, dass mindestens zehn verschiedene Outfits ausprobiert werden, bis sie sich angemessen gekleidet fühlt.

Als Hilde zur Welt kam, haben Emil und Greta vor Freude Luftsprünge gemacht. Eifersucht empfinden die beiden durchaus untereinander, aber nicht gegenüber ihrer kleinen Schwester. Emil trägt das kleine Mädchen noch immer geduldig auf und ab; Greta spielt mit ihr und erklärt ihr die Welt. Hilde ist eine große kleine Guckerin. Staunend betrachtet sie die Welt aus sanften braunen Augen, die allerdings täuschen können, denn sie hat ihre Mannschaft, die ganze Familie, fest im Griff – und das von Anfang an. Sie konnte schon sehr früh präzise mitteilen, was sie mochte. Schon damals war sie der Ansicht, dass ein in ein Glas zeigender Finger und ein sanft fordernder Blick genügen müssen, damit jemand Apfelsaft für sie einschenkt. Ihr erstes Wort war weder Mama noch Papa, sondern das mit tiefem Ernst gesprochene Wort: »Hilde!« Sie plapperte schon immer gerne, und noch bevor sie richtig sprechen konnte, versuchte sie, längere

Unterhaltungen zu bestreiten. Das gelang ihr, weil sie ganz souverän mehr als 75 Arten, »Ja« oder »Nein« zu sagen, beherrschte.

Alle drei Enkelkinder sind der Sonnenschein meines Lebens. Jedes Kind ist ein neuer Kosmos. Manchmal finde ich sie anstrengend, aber nach einer Stunde ohne sie beginnen sie, mir schrecklich zu fehlen. Wenn sie mich sehen, kommen sie in meine Arme gerannt und beschenken mich mit ihrer absolut bedingungslosen Liebe. Ich weiß, dass sie das wohl nicht mehr in dieser Weise tun werden, wenn sie 13, 14 Jahre alt sind, darum genieße ich jeden Augenblick. Ihre Bedürfnisse gehen allem anderen vor. Ich empfinde diese Epoche mit den Kleinen als kostbare Zeit. Die Wirbelwinde, die einem keine ruhige Minute gönnen, sind das Wichtigste in meinem Leben. Gottesgeschenke, für die ich alles andere stehen und liegen lasse. Ich trage sie, koche ihre Lieblingsspeisen, manchmal auch zusätzlich, spiele mit ihnen, räume alle Sachen wieder auf und falle abends vor Erschöpfung um. Dabei darf ich nur einen kleinen Teil der Betreuung begleiten. Ich kann sie ihrer Mutter übergeben, die nachts da ist, wenn sie spucken oder Fieber oder schlechte Träume haben. Sie stellt die Mitte ihres Kinderlebens dar. Ich habe keine Verantwortung, die haben konkurrenzlos ihr Vater und ihre Mutter. Das ist ein beruhigender Gedanke, der mein Großmutterglück noch steigert.

Wenn man mich nach den schönsten Tagen in meinem Leben fragen wird, werde ich vier und einen fünften nennen: Den Tag, an dem meine Tochter zu mir gekommen ist, die Geburtstage meiner Enkelkinder und die Begegnung mit meinem Mann, der die Kleinen zum Glück ebenso abgöttisch liebt wie ich. Und jetzt habe ich den wohl kitschigsten Text meines Lebens geschrieben, aber gleichwohl beschreibt er nichts als die Wahrheit, nämlich das Glück, Großeltern zu sein.

Originalbeitrag

Was ein Großvater können muss ...

FRIDO MANN
ACHTERBAHN

HEINRICH SEIDEL
LEBERECHT HÜHNCHEN

VICTOR HUGO
DIE KUNST, GROSSVATER ZU SEIN

FRIDO MANN

Achterbahn

Thomas Mann hat sein Leben lang penibel Tagebuch geführt, und darin kommen natürlich auch seine Enkelkinder vor. Vielleicht haben es bei manchen Eltern die Kinder ihrer Kinder leichter als ihre direkten Nachkommen. Bei dem Großvater Thomas Mann war dies sicherlich der Fall. Begeistert war er vor allem von einem seiner Enkel. Ihn entzückte das »Himmels Blau in den Augen meines Lieblingsenkels, des kleinen Frido, eines bezaubernden Kindes«. Er lachte »Tränen über seine Reden«.

In den 2009 veröffentlichten Lebenserinnerungen *Achterbahn* von Frido Mann, geboren 1940, spürt man aber auch die leicht kühle Distanz, die offenbar zwischen Enkel und Großvater herrschte.

Eine Ferienwohnung bei Torremolinos in Südspanien im Oktober 2004. Die schönsten und beglückendsten Stunden erlebe ich immer am Abend im Wohnzimmer. Endlich am dritten Abend geht mir auf, warum. Der Blick auf das Lichtermeer an der weit geschwungenen Küste und das noch sommerliche Zirpen der Grillen im Garten. Es erinnert mich plötzlich fast überwältigend an den Blick von Großmutter Katias Zimmer in Pacific Palisades auf das hell erleuchtete Santa Monica an der Pazifik-Küste.

Ab jetzt sauge ich jeden Abend stundenlang die Eindrücke in mich auf. Dieses Ineinanderverschwimmen von Gegenwart und Kindervergangenheit.

Während der regelmäßigen, mehrwöchigen Aufenthalte in Pacific Palisades im Sommer oder Herbst und meistens auch über die Weihnachtsfeiertage ab 1942 reihen sich meine ersten schemenhaften Eindrücke immer mehr zu bleibend prägnanten Bildern aneinander und runden sich langsam zu filmartigen Szenenkomplexen. Sowohl im langgestreckten, zweistöckigen Haus als auch im großen Garten kann ich mich frei bewegen. Besondere Heiligtümer bleiben das Arbeits- und das Schlafzimmer meines Großvaters, genannt Opapa. In Letzterem darf ich mich nur manchmal beim ersten Morgenkaffee beider Großeltern aufhalten, wo der Tag bereits mit angeregter Unterhaltung beginnt. Besonders erinnere ich mich an die Erzählung meines Großvaters von seinem Besuch im Weißen Haus in Washington bei Präsident Roosevelt. Ich spüre seine besondere Hochachtung vor diesem Mann und sein Bedauern, dass der nur zwei Wochen vor Kriegsende verstorbene Präsident seinen Sieg über Nazideutschland nicht mehr erleben durfte. Den Schlaganfall, den er erlitt, demonstriert mein Opapa sehr anschaulich mit einem plötzlichen Fallenlassen seines Kopfes nach vorn auf eine fingierte Schreibtischplatte. Eine Besonderheit ist auch die auf einem Sofatisch im *living room* stehende kleine Spieldose, aus der, wenn Großvater den Holzdeckel für mich aufklappt, »An der schönen blauen Donau« erklingt. Ich beobachte dabei fasziniert das Drehen der die Glockenklänge erzeugenden Miniaturwalze im Inneren und versuche, deren Mechanismus zu ergründen.

Im Arbeitszimmer pflegt unser Großvater meinem Bruder Toni und mir nachmittags auf dem hellen Sofa Märchen vorzulesen, von Hauff, aus Tausendundeiner Nacht und vor allem von

Hans Christian Andersen. Die Rezitationsweise des meisterhaften Vorlesers ist ein solches Fest, dass ich oft schon kaum mehr auf den Inhalt des Vorgetragenen achte. Von dieser Stimme geht eine starke suggestive Kraft aus. Je häufiger und tiefer sie auf mich wirkt, desto anhaltender sind die Nachschwingungen. Ich glaube es noch heute zu spüren, wenn ich selber vorlese. Unvergesslich für mich sind auch die zahllosen karikaturähnlichen Zeichnungen, die mein Großvater sozusagen auf Bestellung für mich verfertigt hat: vor allem von dem polnischen Cellisten Bem in der San Francisco Symphony, in der mein Vater mitspielte und von dem ich meinem Großvater wohl viel erzählt habe. Diese Zeichnungen existieren alle nicht mehr, so wie auch fast alle Briefe, die mir mein Großvater bis zu seinem Tod geschrieben hat. Die ganz wenigen späten, die ich als Halbwüchsiger selbst verwahrt habe und die auch veröffentlicht worden sind, vermochte ich zu retten. Die Dutzende der noch von meinen Eltern aufgehobenen, ganz frühen Briefe meines Großvaters an mich und die Fülle seiner originellen Zeichnungen sind hingegen alle auf mysteriöse Weise verloren gegangen.

Genauso gern wie im Großelternhaus spiele ich auch draußen auf der *porch*, der Veranda, wo bei schönem Wetter manchmal gefrühstückt wird. Ein schier unermesslicher Tummelplatz ist der weitläufige Garten mit den Palmen und den Zitronen-, Öl- und Eukalyptusbäumen und Pfeffersträuchern und dem großen, schnell wachsenden, warmen Rasen, der allabendlich von Großmutter Mielein mit dem sich um die eigene Achse drehenden *sprinkler* bewässert wird. Der Bereich außerhalb des großelterlichen Grundstücks ist für mich uninteressant, fast ängstigend. Die Grenze des den Garten umzäunenden Buschwerks überschreite ich allein oder mit Toni nur selten – auf die Straße oder zu den benachbarten Orangenplantagen. Wie mir Mielein später erzählte, soll ich gelegentlich mit dem in der Nachbarschaft wohnenden, etwa gleichaltrigen Sohn des Schauspielers Sir Laurence Olivier gespielt haben, einem bei meinen Großeltern ziemlich unbeliebten Jungen namens Tarquin.

Etwas ganz anderes sind die täglichen Spaziergänge vor jedem Mittagessen zusammen mit dem Großvater. Dort plaudern wir angeregt, und ich sammle manchmal schöne Steine von der Straße auf. Irgendwann holt uns Mielein mit dem Buick ein, und wir fahren alle zusammen wieder nach Hause. Manchmal spazieren wir auf der palmenreichen Promenade über dem Strand von Santa Monica. Beim Abschreiten der Strecke dreißig Jahre später erkenne ich wieder den damals schon vom Wetter gebleichten, hellgrünen Holzverschlag, an dem wir früher jedes Mal vorbeigingen. Weitere zehn Jahre später ist das Bretterhäuschen verschwunden. Trotz der Nachbarhäuser wirkt das nur mit dünner Vegetation bewachsene, bergige Land oberhalb von Pacific Palisades recht karg und trocken, fast wild. Bei meinen späteren Kalifornienbesuchen aus Europa bin ich erstaunt über die zwischenzeitliche Kultivierung und dichte Bebauung der Landschaft. Auch die früher völlig offene Einfahrt zu unserer 1550 San Remo Drive ist total zugewachsen.

Eigentlich sind es nur die Vormittagsstunden des Schreibens und die Zeit des Mittagsschlafs und der nachmittäglichen Arbeit des Großvaters, die ich nicht mit ihm verbringe. Während aller Mahlzeiten, der Spaziergänge und beim ausführlichen abendlichen Schallplattenhören ist er immer da. Beim Frühstück ist der von ihm ausgehende Duft nach Eau de Cologne am stärksten. Auch darf ich am Morgen mit einer Berührung seiner Wange prüfen, wie gründlich rasiert diese ist. Er ist ein sehr ruhiger Großvater, trotzdem präsent, auch wenn er wenig oder gar nicht spricht. Gelegentlich sprudeln Meinungsäußerungen oder Erzählungen aus ihm heraus, heiter, hell, prägnant; gesetzt und doch leicht und oft lustig. Und durch alles hindurch spüre ich, obwohl wir einander körperlich kaum berühren, seine durchgehende, verlässliche Liebe und Zärtlichkeit mir gegenüber, besonders bei den alltäglichen Begrüßungen oder Verabschiedungen.

Mielein kann mich – im Gegensatz zu meiner Mutter – beim Gutenachtsagen am Bett wohltuend am Kopf oder im Gesicht streicheln. Sie ist in erster Linie für die Mahlzeiten und die Körperhygiene und die Strukturierung des Tages zuständig. Bei ihren Einkaufsfahrten im offenen Buick in die Stadt fahren Toni und ich oft mit. Und dabei muss sie mir, immer mit einem Kopftuch vor dem Fahrtwind geschützt, ständig von Neuem die Geschichte des Hausbaus in Pacific Palisades vor dem Umzug von der Amalfi zur San Remo Drive erzählen, alle einzelnen Schritte von den ersten Entwürfen des Architekten über die vielfältigen, spannenden Bauphasen bis hin zur Hauseinweihung. Sie erzählt so wunderbar und anschaulich, dass sie mir diesen Vorgang immer und immer wieder bis zum Überdruss berichten muss.

Frido Mann: *Achterbahn*. Rowohlt 2009. S. 18–21. – © 2009, Rowohlt Verlag GmbH, Hamburg.

Leberecht Hühnchen

Der berühmte Spruch »Dem Ingenieur ist nichts zu schwer« stammt von dem kaum noch bekannten Schriftsteller Heinrich Seidel (1842–1906). Seidel arbeitete viele Jahre als Ingenieur bei der Bahn; die von ihm entworfene Dachkonstruktion des Berliner Anhalter Bahnhofs galt damals als technische Sensation. Auch als Hobby-Botaniker war Seidel viel unterwegs und siedelte in der Großstadt Berlin Sträucher und Blumen an, die er als Samen dorthin brachte. Eine Art Doppelleben führte er daneben als Schriftsteller. Sein bekanntestes Buch trägt den Titel *Leberecht Hühnchen* (1882), in dem er in Episoden das einfache Glück des Daseins beschreibt, mit der dazugehörenden inneren Unabhängigkeit und Bescheidenheit des Herzens. Seine Figur Leberecht Hühnchen verkörpert als Großvater nahezu ein Idealbild dieser Spezies. Er spielt mit den Enkelkindern, singt, krabbelt auf allen vieren und kann einfach alles reparieren, was kaputt geht.

Allerlei von Kindern

Hühnchen als Großvater zu sehen, war eine wirkliche Freude, und obwohl er in sehr jugendlichem Alter zu dieser Würde gelangt war, so musste man doch sagen, er war dazu geboren. Die

Mischung von großväterlichem Ernst und kindlicher Vertrau-
lichkeit in seinem Wesen war bewunderungswürdig und ward
nur durch die Geduld übertroffen, mit der er sich den phantasti-
schen Launen seiner Enkelkinder fügte. Er war alles, was sie
wollten, ein Elefant, ein Pferdebahnwagen, ein Kamel, eine
Dampfmaschine, ja sogar scheußliche Lindwürmer darzustellen
gab er sich her. Denn einst, als er bei uns war und sich mit den
Kindern auf dem Teppich balgte, während ich in meinem kleinen
Zimmer noch eine notwendige Arbeit zu erledigen hatte, ward ich
gerufen, um ein lebendes Bild in Augenschein zu nehmen, das die
drei darstellten und das an die Phantasie des Beschauers die unge-
heuerlichsten Anforderungen stellte. Es betitelte sich: »Der Ritter
Sankt Georg mit dem Drachen«. Hühnchen wand sich als Lind-
wurm am Boden, während der vierjährige Wolfgang, auf den
Knien liegend, das Pferd darstellte. Auf ihm saß die kleine zwei-
jährige Helene als Ritter Georg und zielte mit einem Spazierstock
auf den furchtbar aufgesperrten Rachen des gräulichen Ungetüms,
während dieses mit seinen Krallen mächtig ausholte.

Sogar zu Dichtungen regten ihn seine Enkel an. Als der kleine
Wolfgang zwei Jahre alt war, spielte er vorzugsweise mit zwei
wolligen Holztieren, einem Lamme und einem Hunde, deren
Fell er mit einem Kamme und einer kleinen Bürste eifrig bearbei-
tete, an welchem seltsamen Spiele er ein unerschöpfliches Gefallen fand. Dazu machte Großpapa ein kleines Märchen, das später zum eisernen Bestande der Kinderstube gehörte und allen
unseren Kindern, wenn sie in gleichem Alter waren, nicht oft
genug erzählt werden konnte. Es lautete: »Es waren einmal ein
Wauwau und ein Mählamm, und es waren einmal ein Kamm
und eine Bürste. Da sagte das Mählamm zur Bürste: ›Komm,
Bürste, bürste mich!‹ Da sagte aber der Wauwau zur Bürste:
›Nein, Bürste, bürste mich!‹ Nun sagte das Mählamm zum
Kamm: ›Komm, Kamm, komm, kämme mich!‹ Aber gleich sagte

auch der Wauwau zum Kamm: ›Nein, Kamm, komm, kämme mich!‹ Da taten Kamm und Bürste sich in ihr Futteral und sprachen: ›Alles zu seiner Zeit! Geduld, Geduld verlass mich nicht!‹«

Von den vielen Versen, welche er auswendig konnte und den Kindern zu ihrem Jubel vorsang und vorsagte, will ich nur ein kleines Gedicht mitteilen, das mir bemerkenswert ist, weil es mir vorkommt, als müsste der Verfasser Hühnchens gekannt und sie unter dem Bilde dieser Vogelfamilie dargestellt haben. Es lautete:

Bei Goldhähnchens

Bei Goldhähnchens war ich jüngst zu Gast!
Sie wohnen im grünen Fichtenpalast,
In einem Nestchen klein,
Sehr niedlich und sehr fein.

Was hat es gegeben? Schmetterlingsei,
Mückensalat und Gnitzenbrei,
Und Käferbraten famos –
Zwei Millimeter groß.

Dann sang uns Vater Goldhähnchen was:
So zierlich klang's, wie gesponnenes Glas.
Dann wurden die Kinder besehn:
Sehr niedlich alle zehn!

Dann sagt' ich: »Adieu!« und: »danke sehr!«
Sie sprachen: »Bitte, wir hatten die Ehr',
Und hat uns mächtig gefreut!«
Es sind doch reizende Leut'!

Und was konnte Großpapa nicht alles machen! Das erste war, wenn er kam, dass ihm alle Invaliden gebracht wurden, an denen es in einer Kinderstube nie fehlt, und dass er sich den Fischleimtopf holte. Hühnchen brachte sie alle zurecht, er setzte den Pferden neue Beine an und den Wagen gab er die Räder wieder. Soldaten, die höchst unmilitärischerweise ihre Gewehre verloren hatten, bewaffnete er aufs Neue und kein Tier in der Arche Noahs gab es, das nicht schon einmal in seiner Kur gewesen wäre. Wolfgang hatte aber auch einen solchen felsenfesten Glauben an die unfehlbare Kunst seines Großvaters, dass einst, als ein kleiner Knabe bei einem wilden Straßenspiele das Bein gebrochen hatte und die Mutter darüber weinte und lamentierte, er auf diese zuging und sagte: »Nich weinen Frau! Großpapa mit Fischleim wieder heil machen!«

Schon als Wolfgang vier Jahre alt war, baute Hühnchen ihm einen gewaltigen Drachen, und als wir ihn einst in Steglitz besuchten, ließen die beiden ihn steigen. Nachher sagte Hühnchen zu mir: »Eigentlich habe ich hier nicht ganz ehrlich gehandelt, denn der Junge ist für dieses Vergnügen noch viel zu klein und hat sehr wenig davon. Ich will dir nur offen gestehen, dass mich schnöde Selbstsucht geleitet hat, denn obwohl ich Großvater bin: Drachen steigen lassen, macht mir noch ganz ungeheuer viel Spaß!«

Unter Hühnchens Fingern ward jedes Stückchen Papier zum Spielzeug und nahm hunderterlei Form und Gestalt an, und was für komische Männchen, Tiere, Mützen und sonstige Dinge er aus einem Taschentuch gestalten konnte, war einfach unglaublich. Gab man ihm eine Anzahl schwedischer Streichholzschachteln, ein wenig steifes Papier, ein bisschen Zwirn, einige Streichhölzer, etwas Siegellack und eine Schere, so machte er daraus die halbe Welt. Zum Beispiel eine schöne Waage mit Schalen aus Streichholzschachteln, oder ganze Güterzüge mit Achsen aus Streichhölzern und Rädern von steifem Papier, die sich zur großen Wonne der Kinder »ordentlich drehten«, oder den Palankin der Prinzessin von

China, den Staatsschlitten des Kaisers von Russland, Mühlenräder, die mit Sand getrieben wurden, und wer weiß, was sonst noch.

Jedes Weihnachtsfest und jeder Geburtstag brachte ein neues Bilderbuch seiner Fabrik, wozu er die Bilder aus illustrierten Journalen, Anzeigen und dergleichen sammelte und sorgfältig in einen Band aus steifem Papier klebte. Komische Unterschriften oder kleine selbstgemachte Verse bildeten den Text zu diesen Bilderbüchern. Im Hühnchenschen Hause kam überhaupt nichts um. Jedes Stückchen Staniol, jedes Stück buntes Glas, jeder blanke Knopf, jedes Gummibändchen und was sonst an Wertlosigkeiten und Abfall im Hause vorkommt, wurde aufbewahrt und fand gelegentlich eine manchmal geradezu geniale Verwendung.

Am ersten Ostertage fuhren wir alle stets nach Steglitz und in Hühnchens Garten wurden Eier gesucht. Er musste wohl ein besonders gutes Verhältnis mit dem Osterhasen haben, denn in Hühnchens Garten legte dieser rätselhafte Vierfüßler, der seinen einzigen Kollegen in der Eierproduktion, das wunderliche Schnabeltier, sowohl in der Reichhaltigkeit als auch der Massenhaftigkeit seiner Erzeugnisse so fabelhaft übertrifft, die herrlichsten Eier. Da gab es goldene und silberne und solche, die in allen Farben des Regenbogens glänzten. Da gab es welche, die nach der Methode, die im Spreewald angewendet wird, mit den herrlichsten Ornamenten geziert waren, und einige sogar hatte ihr Erzeuger mit seinem eigenen Bildnis geschmückt und mit deutlicher Pfote darunter geschrieben: »Z. fr. Erg. Der Osterhase.«

Heinrich Seidel: *Leberecht Hühnchen*. Stuttgart/Berlin 1930. S. 299–304.

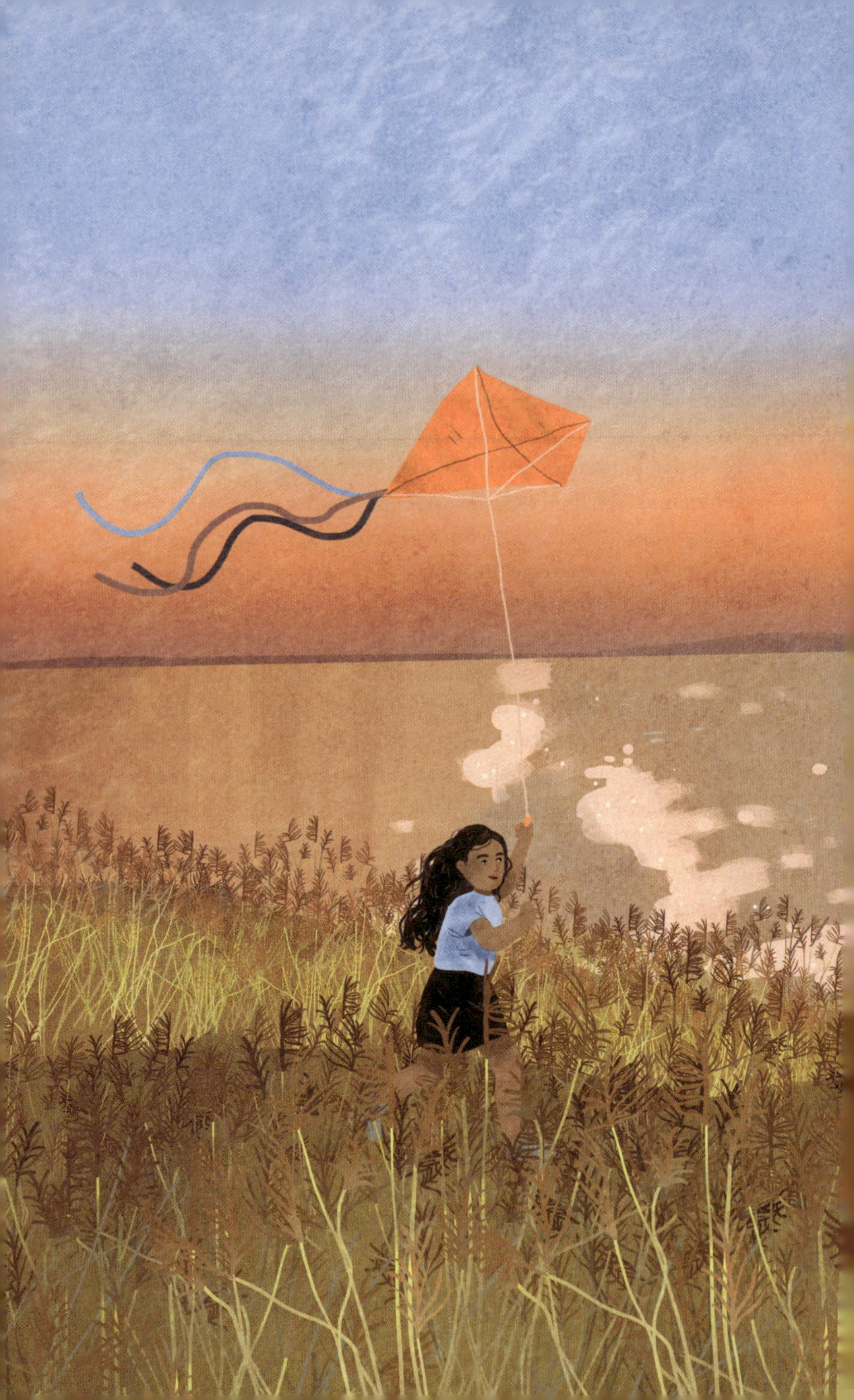

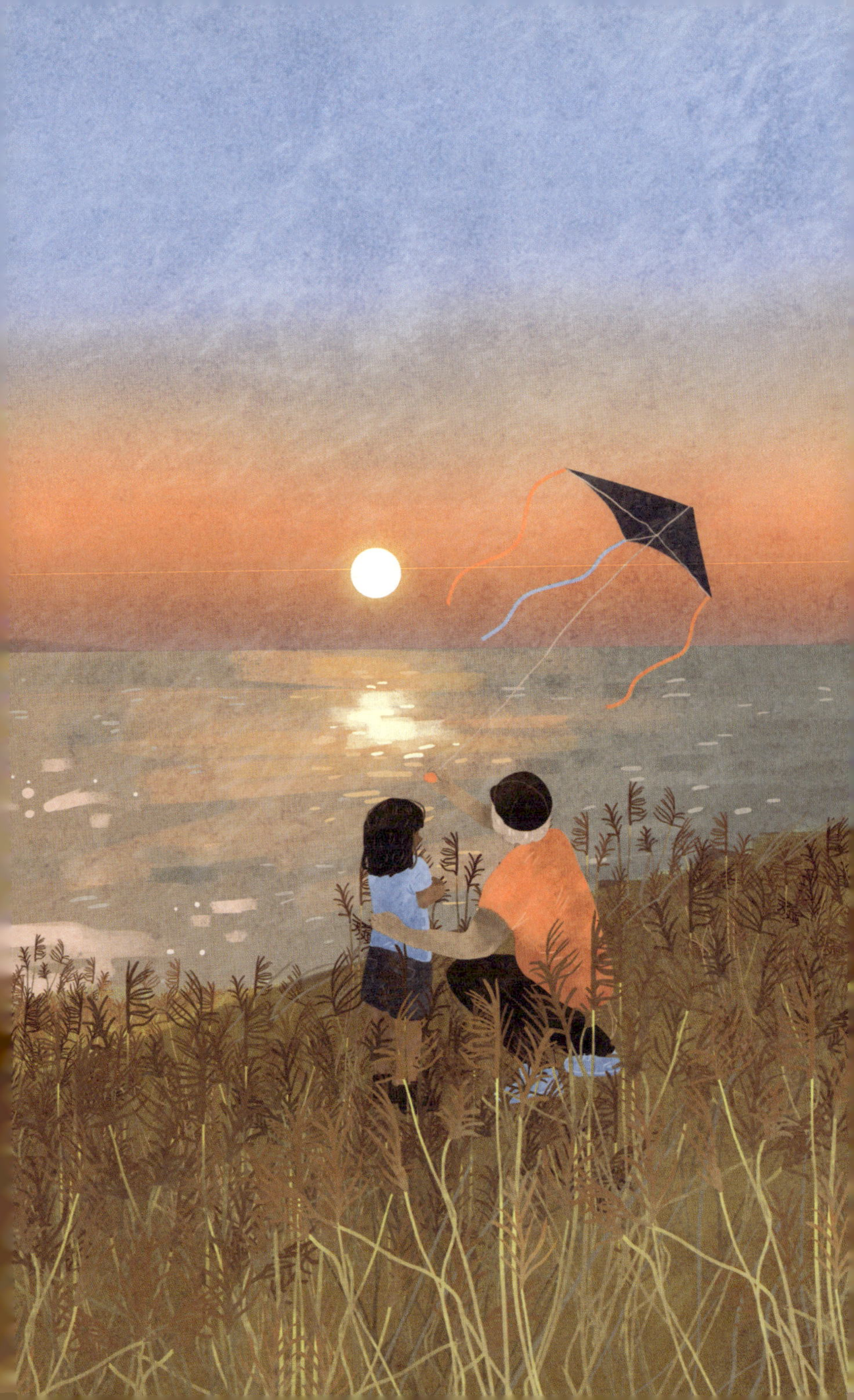

Die Kunst, Großvater zu sein

Der französische Schriftsteller und Politiker Victor Hugo (1802–1885) musste nach dem Tod seines Sohnes die Erziehung und die Sorge um dessen Kinder übernehmen. Er beschreibt seine Erlebnisse und Gefühle, seine bedingungslose Hingabe zu seinen Enkelkindern in seiner Gedichtsammlung *Die Kunst, Großvater zu sein* (frz. *L'Art d'être grand-père*, 1877). Er fühlt sich wie ein neuer Mensch und sitzt – wie es Großeltern weltweit tun – am Bett der schlafenden Kinder, um sie zu betrachten. Seine Hauptsorge ist es nun, diese kleinen Wesen zu beschützen. Er beobachtet, dass er vielleicht zu nachsichtig, zu freigiebig sein könnte – aber das ist eben das Vorrecht der Großeltern. Mit eiserner Hand, so ist er sich bewusst, kann man bei Kindern nichts erzwingen. Genauso, wie seine Vorstellung von Gott die eines gütigen Gottes ist, so heißt für ihn Großvater sein, in die Morgenröte zurückkehren. Lange Zeit nur auf Französisch zu lesen, gibt es nun von Juliette Aubert-Affholder und Mirko Bonné eine deutsche Übersetzung von Hugos Gedicht über seine Enkelkinder, mit denen er allen Großeltern ein Denkmal setzt.

Jeanne tritt auf

Jeanne spricht; sie sagt Sachen, von denen hat sie
    keinen Schimmer:
Sie schickt dem brausenden Meer, dem Wald voller
    Geflimmer,
Dem Himmel, dem Gewölk, den Blumen, den Nestern,
Der unermesslichen Natur ein süß-sanftes Flüstern,
Ja eine, womöglich tiefe, ganze Rede, die sie beschließt
Mit einem Lächeln, in dem Seele schwebt, Traum zerfließt –
Verschwommenes Murmeln, undeutlich, vage,
    wirr und dunkel.
Gott, der gute alte Großvater, verzückt hört er
    das Gemunkel.

Victor, sed victus

In unserer Zeit der Wut, der Bestürzung und der Lüge
Bin ich Gladiator und führte schon gegen Kaiser Kriege.
Ich habe mit dem Ekelpack aus Sodom gerungen,
Millionen Wellen, Millionen brüllender Zungen
Tosten, ohne dass ich klein beigab, auf mich ein –
Der ganze Abgrund grollte mich mit sich reißend herein,
Und kämpfte ich gegen schäumende Wellen zig Mal,
Unterm gewaltigen Ansturm von Schatten und Qual
Beugte ich den Kopf nicht mehr als eine Klippe.
Vor einem Begräbnishimmel bibber ich nicht als Gerippe,
Und nur, wer nie wagte, Styxe und Avernen zu ergründen,
Der zittere ruhig vor ach so finsteren Höhlenschlünden.
Als die Tyrannen sich auf uns stürzten, von weit oben,
Ein Verbrechen für den Blitz ihr donnerndes Toben,

Warf ich mein dunkles Gedicht in die finsteren Reihen.
Ich schleppte alle Könige mit, all ihre Ministerlakaien,
Alle falschen Götter und deren Prinzipienverschnitt,
Jeden Thron, daneben man immer ein Schafott betritt,
Den Irrtum, das erhabene Zepter und ruchlose Schwert –
Zum Abgrund geschleppt, hab ich alles hinuntergekehrt.
Ich war – vor den Cäsaren und den Fürsten, den Hünen,
Die über aufgetürmten Nichtigkeiten mächtig erschienen,
Vor all den Verehrten, Beweihräucherten, Verabscheuten,
Vor diesen Jupitern, diesen allzeit allmächtigen Leuten –
Vier Jahrzehnte lang stolz, triumphal, unbezwungen …
Und werde nun von einem Kindchen niedergerungen.

Der Andere

Komm, mein Georges. Ah! Wie entzücken uns Söhne
    unserer Söhne.
Es sind junge Stimmen, am frühen Morgen schon voll
    klarster Töne.
In unseren dunklen Behausungen stellen sie die Rückkehr dar –
Des Tages, des Lebens, der Rosen, des Frühlings jedes Jahr!
Wenn sie lachen, lockt das eine Träne an unsere Augenlider,
Und die Steine unserer alten Türschwelle erzittern wieder.
Schrecken schwerer, kalter Jahre und halb offener Gruft
Verscheucht ihr leuchtend heller Blick in die Luft.
Sie lassen uns, wie wir waren, noch einmal erfahren,
Sie lassen neu erblühen alle Blumen aus verwelkten Jahren.
Von Neuem sind wir sanft, sind arglos, sind mit wenig zufrieden,
Gelassen hat sich das Herz mit seiner Leichtigkeit beschieden.
Bei ihrem Anblick ist einem, als würde man selbst erblühen.
Ja, Großvater sein heißt: hinein in die Morgenröte gehen.

Der frohe Alte mischt sich unter die triumphierenden Kleinen:
Zwischen ihnen können wir endlich wieder selbst klein erscheinen.
Und beruhigt sehen wir, wie unsere umdüsterte Seele sich hebt
In die Zweige und mit all diesen weißen Seelen entschwebt.

Georges und Jeanne

Ich, den ein Kind ganz närrisch macht, ich habe von den Kleinen
Gleich zwei: Georges und Jeanne; ich nehme als Lenker den einen
Und die andere als Licht, und höre ich ihre Stimmen, laufe ich los,
Denn Jeanne ist zehn Monate, Georges zwei Jahre, nicht groß.
Göttlich ungelenk ist ihr Bemühen, auf der Welt zu leben;
Man glaubt in ihren Worten, die vor Andeutungen beben,
Einen Rest Himmel zu sehen, der, kaum verflüchtigt, wich;
Und ich, der der Abend ist, und ich, der die Nacht ist, ich,
Dessen fahle und kalte Tage an der Farblosigkeit leiden,
Ich sage vor Ergriffenheit: Das Morgenrot sind die beiden.
Ihr obskures Zwiegespräch eröffnet mir Horizonte;
Sie verstehen sich, benennen, was sie einen konnte.
Beurteilt selbst, wie sehr dies meine Gedanken zerstreut.
In mir Sehnsüchte, Projekte, alles Unsinnige erneut,
Alles Vernünftige, alles zerfällt in ihrem sachten Licht,
Und ich bin nichts mehr als verträumt ein Wicht.
Ich spüre nicht mehr die trübe, die heimliche Kraft
Des Übels, das uns anzieht, des Loses, das uns schafft.
Wie Kinder taumeln, ist, was man von Halt wissen kann.
Ich sehe ihnen, dann höre ich ihnen zu, und dann
Bin ich gut und beruhigt sich mein Herz, weil es sie gibt.
Einer, der die heiligen Ratschläge der Unschuld liebt,
War ich schon mein ganzes Leben lang; ich habe nie
Etwas gekannt, nicht im Kummer und nicht vor Euphorie,

Das süßer war als das Vergessen, das die Seele übermannt
Angesichts so reiner Wesen, aus denen es bescheiden flammt.
Oft schwarz und oft trüb, sehe ich morgen und sah ich gestern
Den Morgen aufsteigen aus den Wiegen und den Nestern.

Abends seh ich ihnen beim Einschlafen zu. Auf ihren
    Stirnen ruhen
Seh ich hingerissen erst den Schatten der Palmzweige, und nun,
Als ginge es gerade auf, eine Art Gestirn, seine Helligkeit,
Worauf ich mich frage: Wovon träumen sie wohl zurzeit?
Georges träumt von Kuchen, schönem, seltsamem Gedrängel,
Von Hund, von Hahn, von der Katze; und Jeanne denkt an Engel.
Dann, beim Aufwachen, öffnen sich, voller Strahlen, ihre Lider.

Zur Stunde, ach!, in der wir entfliehen, erwachen sie wieder.

Sie plaudern. Sprechen sie? Ja, wie die Blume spricht
Zur Quelle im Wald; wie ihr Vater Charles, im Licht
Der Kindheit, mit seiner Tante Dédé früher sprach;
Wie ich, von Sonne überflutet, mit euch danach,
O meine Brüder, da mein Vater, ein junger Mann,
In Rom in der Kaserne ungewollt ein Spiel ersann,
Als wir, ganz klein, ritten auf seinem großen Schwert.
Jeanne, die mit den Augen Vergissmeinnicht berührt,
Und um Schatten zu greifen die schmalen Finger spitzt –
Dabei hat sie doch kaum Arme, weil sie noch Flügel besitzt –,
Jeanne wendet sich mit Liedern, in denen ein Wort schwebt,
An Georges, schön wie ein Gott, nur dass er als Knirps lebt.
Es sind keine Wörter, o blauer Himmel, es ist das Wort;
Es ist die Sprache, unendlich, unschuldig und herrlich dort,
Wo die Winde, die Wälder und die Fluten sie raunen;
Der Seefahrer Jason, Palinurus und Typhlos Staunen,

Es galt der Sirene, die mit ihrer ach so sachten Stimme
Murmelte die Meerestiefen stumpf schäumende Hymne;
Es ist die vereinzelte Musik gegen Ende des Monats Mai,
Die einen sagen lässt »Ich liebe« und einen, leider, »vorbei«;
Es ist die so vage wie helle Sprache der Wesen, eben
Erst geboren, die an ihre Fenster lockt das Leben
Und die vorm April, außer sich, fast am Verstummen,
An der riesenhaften Glasscheibe des Frühlings summen.
Die Georges gesagten, geheimnisvollen Worte von Jeanne,
Sie sind die Idylle von dem Rotkehlchen und dem Schwan,
Sie sind die Fragen, die die Bienen stellen, jeder Satz,
Den die blauäugige Lilie sagt zum dunkel flötenden Spatz;
Sind der göttliche Unterboden der endlosen Harmonie,
Das Gemurmel, gesegnet Schatten, sagbar nie,
Der spricht, Geräusche stammelt einer Vision
Und sich erklärt, vielleicht morgen schon –
Denn die Kleinen waren noch gestern nicht hier
Und wussten im Himmel, was das Irdische ignoriert.
Jeanne! Georges! Stimmen, die mein Herz ergreifen! Oh!
Würden die Sterne singen, stotternd klänge es so.
Ihre Stirnen, uns zugewandt, erleuchten uns, machen uns golden.
Oh! Woher kommt ihr Unbekannten wohl, ihr uns so holden?
Jeanne blickt erstaunt; Georges' Augen tapfer auf jeden.
Sie stolpern, noch immer trunken vom Garten Eden.

Victor Hugo: *Die Kunst, Großvater zu sein.* Übers. von Juliette Aubert-
Affholder und Mirko Bonné. Berlin, 2022. S. 3–13.

... und was eine Großmutter alles auf sich nimmt

ALINA BRONSKY
BABA DUNJAS LETZTE LIEBE

FRANZ HOHLER
DER ENKELTRICK

HANS FALLADA
DAMALS BEI UNS DAHEIM

ALINA BRONSKY

Baba Dunjas letzte Liebe

Die 1978 geborene Schriftstellerin Alina Bronsky hat mit ihrem 2015 erschienenen Roman *Baba Dunjas letzte Liebe* eine erstaunliche Hauptfigur erfunden: Eine Frau kehrt im hohen Alter in ihr Dorf zurück – in die Nähe des Unglücksreaktors von Tschernobyl. Der Rest der Welt fürchtet sich vor den Strahlen, aber für Baba Dunja ist es ihre Heimat. Dort will sie bis zu ihrem Tod bleiben. Sie schreibt Briefe an ihre Tochter Irina, die in Deutschland lebt, und an ihre Enkeltochter Laura. Die unglaubliche Kraft und tiefe Sehnsucht in der Oma-Enkelin-Beziehung werden hier trotz der vielen Tausend Kilometer Distanz spürbar. Sie möchte ihre Rolle als Großmutter auch über diesen Abstand hinweg übernehmen.

*M*eine geliebte Enkelin Laura,
ich habe den ersten Brief abgegeben, denke aber, du wirst ihn noch nicht bekommen haben. Es ist ein wenig schwer für mich, dir zu schreiben, weil ich nicht genau weiß, was dich beschäftigt. Die Post braucht lange von hier bis zu dir nach Deutschland. Mein Befrager, der Herr Ermittler von der Miliz, wird nervös, weil er bei der Aufklärung der Straftat nicht weiterkommt und weil die Angehörigen des Toten unruhig werden. Ich glaube, dieser tote Mann hatte viel Geld, und die Menschen kannten sein Gesicht. Nun, was hat es ihm geholfen.

Ich habe inzwischen einen Anwalt. Er wird vom Staat bezahlt und ist noch ziemlich jung. Er heißt Arkadij Sergejewitsch.

Baba Dunja, sagt er zu mir, wenn Sie mir immer nur von Ihren Kartoffelkäfern in Tschernowo erzählen, kann ich keine Strategie erarbeiten.

Und ich sage, welche Strategie? Wozu braucht ein unschuldiger Mensch eine Strategie?

Gestern hat er gesagt, dass eine deutsche Zeitschrift ihn gebeten hat, Kontakt zu mir herzustellen, und ihm Fragen für mich mitgegeben hat. Ich frage mich natürlich, hat deine Mutter etwas damit zu tun? Wieso interessiert sich eine deutsche Zeitschrift für mich?

Ich wollte dir noch ein bisschen vom Gefängnis allgemein erzählen, damit es nicht immer nur um mich geht. Man kann es hier aushalten. Die Mädchen vertragen sich jetzt besser untereinander. Marja hat mal im Fernsehen gesehen, dass man in Gefängnissen leicht an Drogen kommt, aber ich habe ihr und den anderen gesagt, in meiner Zelle gibt es das nicht, wir haben eine saubere Zelle. Marja war sauer, sie sagte, ich würde ihr den letzten Spaß verderben.

Und sie sagt, dass die anderen nicht deswegen auf mich hören, weil ich Baba Dunja aus Tschernowo bin. Die lesen nämlich keine Zeitung. Sondern, weil sie das tätowierte Auge auf meiner Hand gesehen haben. Tätowierte Augen haben im Gefängnis nur ganz wichtige Leute, vor denen alle Angst haben (hat Marja in Erfahrung gebracht).

Dabei ist es gar kein Auge, sondern ein O wie Oleg. Ich habe versucht, das O mit Farbe auszufüllen, weil ich es nicht mehr haben wollte, und deswegen sieht es immer noch seltsam aus. Gute Tinte verblasst auch nach siebzig Jahren nur langsam. Aber das ist eine andere Geschichte.

Das Essen ist in Ordnung. Im Flur vor dem Speisesaal gibt es eine Vitrine, in der jeden Mittag eine Musterportion Suppe oder Brei hingestellt wird, damit niemand mault, er würde zu wenig be-

kommen. Eine alte Frau braucht nicht viel, ich kann sogar meist noch Marja etwas abgeben.

Ich will mir gar nicht ausmalen, wie mein Garten zuwuchert, während ich hier sitze. Ich hoffe, dir geht es gut, und du hast gute Noten in der Schule.

Deine dich liebende Baba Dunja.

Meine geliebte Enkelin Laura,

es schreibt dir schon wieder deine Baba Dunja. Du wunderst dich wahrscheinlich, warum ich dir jetzt so oft schreibe. Es ist nicht nur so, dass man im Gefängnis mehr Zeit hat als sonst. Man hat auch mehr zu erzählen.

In zwei Tagen kommt es zu einer Gerichtsverhandlung. Die dauert lange, hat mir Arkadij Sergejewitsch, der kleine Junge mit dem Aktenkoffer, erklärt. Es wird die Anklage vorgelesen und Zeugen werden befragt, und wir sind ja auch so viele auf der Anklagebank, das ganze Dorf. Es wird wohl auch Publikum da sein, weil der Prozess so ungewöhnlich ist und weil mich manche Leute da draußen zu kennen scheinen, obwohl ich sie nicht kenne. Ich habe mich gefragt, ob ich mich schämen soll, und dann beschlossen: Nein, ich brauche mich nicht zu schämen, denn ich habe nichts Unrechtes getan.

Ich muss über einige Sachen nachdenken, die ich vor Gericht sagen werde. Ich bin es nicht gewohnt, vor vielen Menschen zu sprechen. Aber wenn Arkadij Sergejewitsch meine Worte vorliest, dann glauben die Leute vielleicht nicht, dass sie von mir sind. Also muss ich es selbst tun.

Was auch immer du von mir hören wirst, vergiss nie: Deine Baba Dunja hat niemanden so sehr lieb wie dich, auch wenn wir uns noch nie gesehen haben.

Alina Bronsky: »Geliebte Enkelin Laura«. Aus: *Baba Dunjas letzte Liebe.* Köln [8]2016. S. 125–128. – © 2020, Verlag Kiepenheuer & Witsch GmbH & Co. KG.

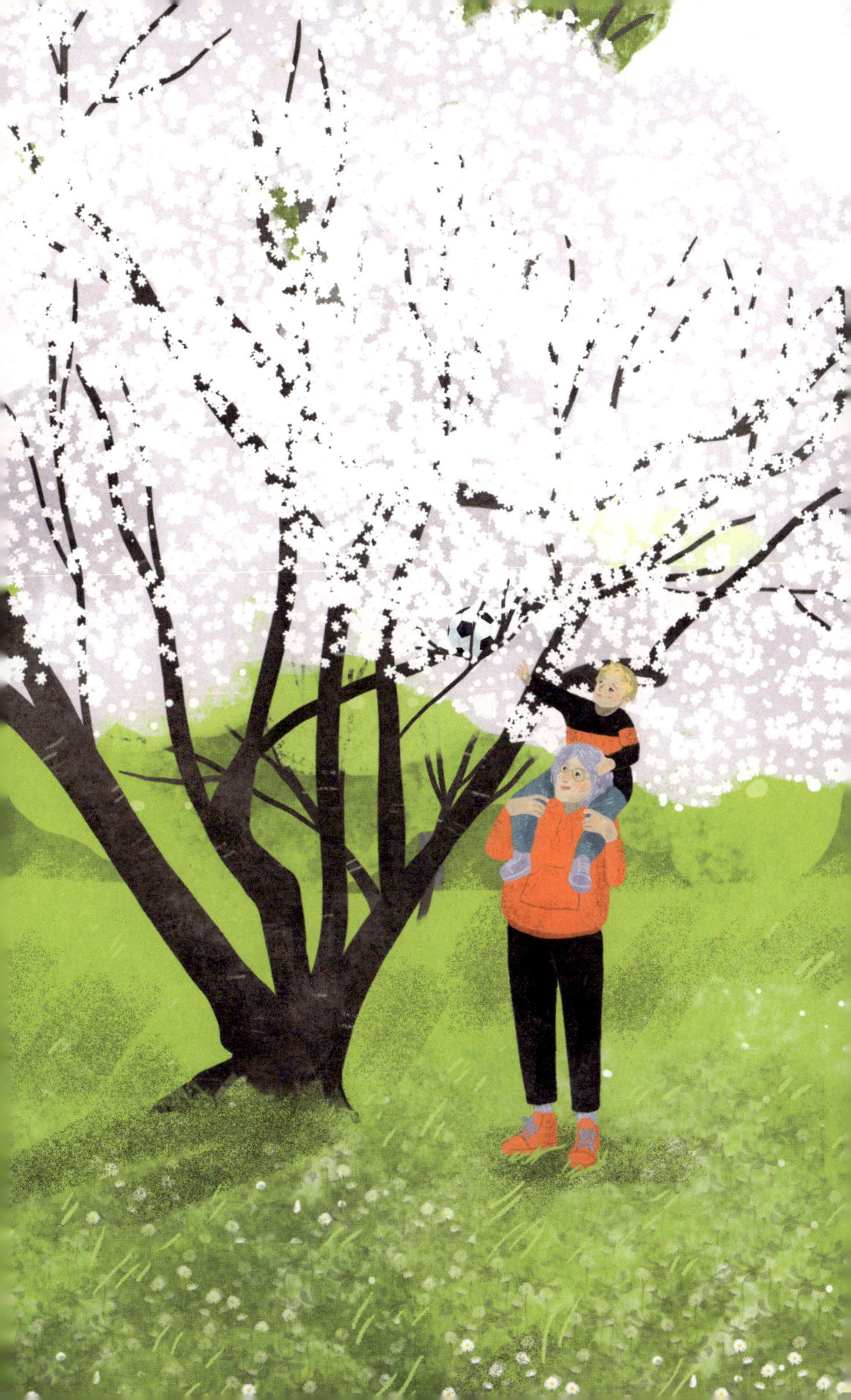

FRANZ HOHLER

Der Enkeltrick

Der 1943 geborene Schweizer Kabarettist und Schriftsteller Franz Hohler, der oft die Grenzen zwischen Alltäglichem und Fantastischem verwischt, rettet seine Figuren gelegentlich aus Situationen, die man schon für unentrinnbar hielt: aus tobenden Stürmen, riskanten Bergwanderungen oder vor finsteren Gesellen. In seiner Erzählung *Der Enkeltrick* (2021) soll eine ältere Dame ihres Vermögens beraubt werden. Beim Lesen fürchtet man um sie, als ob man Zeuge davon würde, wie ein rohes Ei ungeschützt über die Straße kullert. Aber es kommt dann doch überraschend anders, als man dachte.

Die Frau, die vor der Wohnungstür stand, war eindeutig nicht die Postbotin, obwohl sie zweimal geklingelt hatte. Die Postbotin hatte blondes Haar, das zu einem Pferdeschwanz gebunden war, und die hier hatte krauses schwarzes Haar und dunkle Augen. Auch trug sie keine blaue Uniform, sondern eine rote Bluse und eine schwarze Lederjacke. »Frau Ott?«, fragte sie und lächelte.

Amalie Ott nickte. Sie musste zwar ab und zu mit Momenten kämpfen, in denen sie nicht mehr sicher war, wo sie gerade stand oder wohin sie gehen wollte und ob heute wirklich Sonntag war, wenn sie eine geschlossene Kirchentür vorfand, aber mit 88 Jahren sei so etwas nicht ungewöhnlich, hatte ihr der Hausarzt gesagt, und wichtig sei einfach, dass sie immer ihre Adresse bei sich trage, wenn sie das Haus verlasse.

Doch jetzt stand sie bloß an der Wohnungstür und nickte, denn so viel stand fest, sie *war* Amalie Ott.

»Was wünschen Sie?«, fragte sie die fremde Frau.

»Darf ich einen Moment hereinkommen?«, fragte diese, »es ist vertraulich.«

Amalie schloss kurz die Augen und sah ihre zwei Töchter mit ihren Männern und ihren Groß- und Urgroßkindern, und sie riefen ihr im Chor zu: »Keine Fremden hereinlassen!«

Als sie die Augen wieder öffnete, stand die Frau in der roten Bluse immer noch da und schaute sie lächelnd an.

»Bitte«, sagt Amalie, »kommen Sie herein.«

»Das ist lieb von Ihnen«, sagte die Fremde, die bereits einen Fuß auf der Schwelle hatte.

»Wir gehen in die Küche«, sagte Amalie und ging vor der Frau her durch einen schwach beleuchteten Korridor in die Küche. Auf dem Tisch war ein Teller mit einem halb gegessenen Stück Butterbrot mit Marmelade und einer Tasse, dahinter ein Glas Nescafé-Pulver.

»Setzen Sie sich«, sagte Amalie und wies auf den zweiten Stuhl, »ich bin spät dran mit dem Frühstück, möchten Sie auch einen Kaffee?«

»Danke«, sagte die kraushaarige Frau, »ich habe nicht viel Zeit. Ich bringe Ihnen eine Nachricht von ihrer Enkelin.«

Wieder schloss Amalie kurz die Augen, und wieder sah sie den kleinen Familienchor. Fünf Enkel waren dabei, drei hochgeschossene junge Männer von der ersten Tochter, zwei mit ihren Frauen und zwei Urenkel, ein etwas kleinerer Mann von der zweiten Tochter, und da stand rechts außen noch eine junge

Frau, etwa dreißigjährig, mit einer Stupsnase und einem Bubi-kopf, die ihr zuwinkte.

»Von Cornelia?«, fragte Amalie, als sie die Augen wieder öffnete.

»Ja, von Cornelia«, sagte die Frau.

»Was ist mit ihr«?

»Sie ist in Not.«

Und die Fremde erzählte nun, dass Cornelia auf einer Reise in Rom verhaftet worden sei, weil sie für einen Freund ein Päcklein mitgenommen habe, in dem Drogen versteckt waren, natürlich habe sie das nicht gewusst, Cornelia hätte so etwas nie gemacht, aber jetzt sei sie im Gefängnis und käme nur gegen eine Kaution von 20 000 Euro frei, das seien also etwa 22 000 Franken, und Cornelia habe ihr ihre, Amalies Adresse, gegeben mit der Bitte, ob sie ihr vielleicht aus dieser Lage heraushelfen könne.

»Aber ihre Mutter?«

Die dürfe auf keinen Fall was erfahren, Cornelia schäme sich furchtbar, dass sie in so etwas hineingeraten sei, und sie bitte sie, niemandem von der Familie etwas davon zu sagen, sie werde ihr bestimmt auch alles zurückzahlen.

Amalie nahm einen Schluck Kaffee und wischte sich die Lip-pen mit dem Handrücken ab.

Ja, die Cornelia, sagte sie, das passe zu ihr.

Sie hatte das Mädchen immer gemocht, schon weil sie ihre einzige Enkelin war, aber auch das Wilde an ihr hatte ihr gefallen. Cornelia war bereits als Schülerin gerne gereist, war einmal per Anhalter mit einer Freundin nach Spanien gefahren, während ihre Eltern in allen Ängsten waren. Amalie hatte sie damals be-ruhigt, sie werde schon wieder zurückkommen. Später dann hat-te sie eine Kunstschule im Ausland besucht, wollte Filme ma-chen und schlug sich mit Gelegenheitsarbeiten durch, der Kontakt mit ihr war in letzter Zeit etwas verloren gegangen, ab und zu war ein Kartengruß von ihr gekommen, von irgendeiner fernen Insel, und jetzt also das.

Amalie nahm einige Postkarten vom Kühlschrank ab, wo sie mit Magneten befestigt waren, und schaute sie einzeln an. »Das ist von ihr, glaub ich«, sagte sie und hielt der Fremden eine Karte hin, auf der das Meer gegen Küstenfelsen brandete, »da war sie am Meer.«

Die Fremde schaute sich die Karte an. »In Irland«, sagte sie dann, »sie war oft in Irland, davon hat sie mir erzählt. Und wie machen wir jetzt das mit dem Geld?«

Amalie schloss nochmals die Augen, und ihre ganze Familie rief ihr zu: »Nichts geben!« Sogar die beiden kleinen Urenkel schüttelten ihre Köpfe. Einzig Cornelia ganz außen machte ihren Mund nicht auf und winkte ihr bloß zu.

Amalie seufzte. »Warten Sie«, sagte sie und ging in das Zimmer ihres verstorbenen Mannes. Sie machte die unterste Schublade des Schreibtisches auf und zog die Schachtel hervor, auf der groß »Fotos« stand. Zuoberst lag das Familienfoto, das sie schon gesehen hatte, als sie die Augen schloss. Auf einmal schien ihr, Cornelia blicke traurig drein. Unter dem Foto war ein Umschlag, der mit »Hochzeitsreise« angeschrieben war, und dort drin bewahrte sie ihr Geld auf. Ihr Mann hatte das so eingerichtet, »gegen die Einbrecher«, hatte er gesagt. Sie öffnete das Couvert und zählte 10 Hunderternoten. Sie steckte den Umschlag in die Handtasche, die auf dem Schreibtisch stand, und machte die Schachtel und Schublade wieder zu.

Als sie sich umdrehte, stand die fremde Frau im Türrahmen.

»Es reicht nicht«, sagt Amalie, »ich muss es auf der Bank holen.«

»Ich kann Sie begleiten«, sagte die Fremde.

Eine Stunde später gingen die zwei Frauen über die Aarebrücke. Amalie hatte sich sonntäglich angezogen, wie immer, wenn sie zur Bank ging, ein blaues Deux-Pièces, darüber ihren feinen Regenmantel und den Hut mit der Brosche und der silbernen Feder, dazu ihre große Handtasche. Die Botin von Cornelia hatte sie zwar zur Eile ermahnt, aber Amalie hatte sich nicht beirren lassen. Sie bekomme ihr Geld nur, wenn sie anständig aussehe, sagte sie.

Die Bank lag gleich am Aarequai, und die kraushaarige Frau sagte zu Amalie, sie warte hier auf der Sitzbank auf sie, bis sie mit dem Geld zurückkomme, und Cornelia werde ihr bestimmt unglaublich dankbar sein.

Als Amalie über den Fußgängerstreifen gegangen war und sich nochmals umdrehte, sah sie, dass sich eine zweite Frau zu der Fremden gesetzt hatte und sich mit ihr zu unterhalten begann.

Es war nicht leicht, dem Mann am Schalter begreiflich zu machen, dass sie 20 000 Euro brauchte, und zwar in bar. Ob er sie fragen dürfe, wofür sie das Geld brauche? Sie überlegte einen Moment, erinnerte sich daran, dass sie niemandem etwas sagen solle, und fand dann ein Wort, das ihr angemessen erschien.

»Privat«, sagte sie.

Er müsse zuerst schauen, ob sie überhaupt so viel Euro dahätten, sagte der Mann, ging nach hinten und kam erst nach einer Weile wieder. Doch, sagte er dann, es gehe, aber falls sie damit ins Ausland fahren wolle, könne er ihr auch einen Teil davon in Reiseschecks mitgeben, das wäre sicherer als Bargeld.

Als sie nichts davon wissen wollte, legte er ihr eine Quittung über 21 625 Franken zur Unterschrift vor. Soviel kosteten die 20 000 Euro, die hier in diesem Umschlag bereitlägen. Dann zählte er die Scheine ab, vor allem grüne und braune, Scheine jedenfalls, die sie noch nie gesehen hatte, steckte sie dann in den Umschlag und schob ihn ihr zu.

Lächelnd steckte sie den Umschlag in ihre große Handtasche und sagte, sie habe gar nicht gewusst, dass sie so viel Geld habe.

Sie solle vorsichtig sein, sagte der Schaltermann, und ob vielleicht jemand von ihnen sie nach Hause begleiten könne.

Oh nein, das sei nicht nötig, sagte sie, sie habe schon jemanden.

Aber als sie zur Sitzbank kam, war diese leer.

Amalie schaute sich um, ohne dass sie irgendwo eine rote Bluse sah.

Sie setzte sich und wartete. Es gefiel ihr nicht, dass die Frau, mit der sie doch abgemacht hatte, einfach verschwunden war. Cornelia brauchte ja das Geld.

Was sie nicht wusste, war, dass der Mann am Schalter die Polizei angerufen hatte. Die hatte sofort eine Streife geschickt, welche die beiden Frauen, die als Betrügerinnen ausgeschrieben waren, festnahm.

Sie wartete und wartete und nickte etwas ein.

Als sie erwachte, standen ein Mann und eine Frau vor ihr. Sie seien, sagten sie, von der Polizei, zeigten ihr ein Foto von der kraushaarigen Frau und fragten sie, ob sie diese Person kenne.

Amalie nickte. »Ja«, sagte sie, »seit heute.«

Ob sie sie um Geld angegangen habe, fragten die beiden weiter, und Amalie nickte wieder: »Für meine Enkelin.«

Nun blickten sich beide an und nickten. Da habe sie Glück gehabt, sagte der Mann, die Person sei eine Betrügerin. Ob sie mit ihnen auf die Wache komme zu einer Aussage und einer Konfrontation, fragte er weiter.

Amalie war verwirrt. Sie? Zur Polizei? Sie schüttelte den Kopf.

Oder lieber morgen Vormittag? fragte die Polizistin, das genüge auch noch. Sie sei doch Frau Amalie Ott von der Rosengasse?

Ja, sagte Amalie, etwas erstaunt darüber, dass man sie kannte, ja, das wäre ihr lieber, sie habe heute noch zu tun.

Der Polizist sagte, er erwarte sie in dem Fall morgen um 9 h auf dem Posten der Kantonspolizei, gab ihr sein Kärtchen und fragte dann, ob sie sie in die Bank begleiten sollten, um das abgehobene Geld zurückzubringen.

Amalie schloss kurz die Augen und sah sogleich den ganzen Familienchor, der ihr ein einziges »Jaaa!« zuschrie. Aber wieso stimmte Cornelia nicht mit ein, sondern stand einfach stumm am Rand?

»Nein, danke«, sagte Amalie und erhob sich von der Bank, »ich komme schon zurecht.«

»Passen Sie gut auf«, sagte die Polizistin, und: »Das Geld ist am sichersten auf der Bank«, fügte der Polizist hinzu.

Amalie nickte, sagte auf Wiedersehen und ging langsam neben dem bronzenen nackten Mann, der ein bronzenes Pferd besteigen wollte, über die Aarebrücke zum Bahnhof.

In der Mitte der Brücke blieb sie stehen, hielt sich mit einer Hand am Geländer fest und blickte ins Wasser hinunter. Es war ihr, als trieben alle Gedanken flussabwärts. Wer war sie und wieso stand sie da? Wieso war sie so gut angezogen? War etwa Sonntag?

Sie schloss einen Moment die Augen, aber der Familienchor war verschwunden, und einzig ihre Enkelin Cornelia stand noch da und blickte sie an, ohne etwas zu sagen.

Als sie die Augen öffnete, wusste sie wieder Bescheid. Cornelia war in Rom im Gefängnis und brauchte Hilfe, und niemand von der Familie durfte etwas davon wissen. Niemand, außer ihr. Ihre Stunde war gekommen, die Stunde der Großmutter.

Am nächsten Morgen um 9 Uhr saß sie im Schnellzug nach Mailand und fuhr gerade in Airolo zum Gotthardtunnel heraus. Am Vierwaldstättersee hatte es noch geregnet, jetzt schien die Sonne.

»Oh«, sagte sie zum Herrn gegenüber, »hier scheint ja die Sonne!«

Der senkte die Basler Zeitung, hob kurz den Kopf und sagte dann: »Wir sind ja auch im Tessin.«

Die Frau im Reisebüro der SBB war gestern sehr nett gewesen, hatte ihr genau erklärt, wie sie in Mailand umsteigen müsse und dass sie dann eine Platzkarte im Wagen 24 für den Zug nach Rom habe, wo sie um 13.55 Uhr ankommen werde. Zuvor hatte sie ihre Kundin kurz gemustert und einladend gefragt, ob sie 1. Klasse fahren wolle, und Amalie hatte, ohne die Augen zu schließen, genickt. Auch dem 3-Tage-Arrangement in einem 4-Stern-Hotel, einem Sonderangebot der Bahn, hatte sie sofort zugestimmt, hatte die 685 Franken aus ihrem Couvert »Hochzeitsreise« bezahlt und die restlichen 315 Franken umgewechselt, in Lire, hatte sie verlangt und sich dann belehren lassen, dass man in Italien schon lange mit Euro bezahle.

Als sie der Herr gegenüber bei der Fahrt am Luganersee entlang fragte, was sie denn nach Rom führe, musste sie zuerst einen Moment nachdenken, bevor sie sagte: »Meine Hochzeitsreise.«

Ob da nicht der Mann fehle, fragte der Herr, worauf Amalie entgegnete: »*Sie* sind ja da.«

Der Herr lachte und sagte: »Aber nur bis Mailand.«

Dort half er ihr jedoch beim Umsteigen, trug ihr sogar das Köfferchen und brachte sie in den Wagen 24, wo sie den Sitz Nr. 35 hatte, einen Fensterplatz, wie sie erfreut feststellte.

Neben ihr saß niemand, und kurz vor der Abfahrt setzte sich eine korpulente Frau mit mehreren Halsketten auf den Platz vis-à-vis und stellte ein Hundekörbchen auf den Sitz daneben, aus dem ein kleiner Spitz seine Schnauze streckte.

Amalie lächelte zuerst den Hund an, dann die Dame, und die Dame lächelte zurück.

»Ein herziges Hündli«, sagte Amalie, und die Dame nickte.

Als der Zug Mailand hinter sich gelassen hatte, fuhr er in einem

Tempo, das ihr kaum Zeit ließ, etwas von der Landschaft zu sehen. Gutshöfe und Pappelalleen flogen vorbei, Kirchtürme und Dörfer tauchten auf und verschwanden wieder, ein großer Fluss wurde überquert, in einer Ebene, die kein Ende nahm, so dass es Amalie nach einer Weile aufgab, aus dem Fenster zu schauen.

Sie öffnete ihre große Handtasche und zog einen Thermoskrug hervor, schenkte sich einen Tee ein, der immer noch dampfte, und wickelte ein Schinkensandwich aus, das sie sich am frühen Morgen gemacht hatte.

Der Spitz blickte begierig zu ihr herüber.

»Darf ich?«, fragte Amalie und zupfte ein Stücklein Schinken ab.

Die Dame nickte, ihre Halsketten blitzten, und der Spitz schleckte Amalie den Schinken von der Hand.

Wieder kam ein Moment, in dem sie sich erschreckt fragte, wo sie eigentlich war und warum sie in diesem rasenden Zug saß und ein Hündchen fütterte. Dann sah sie in ihrer Handtasche das durchsichtige Mäppchen des Reisebüros, auf dem groß das Wort »Roma« zu lesen war und wusste wieder Bescheid. Was sie allerdings nicht wusste, war, ob sie Italienisch konnte.

Sie machte einen Versuch. Sie zeigte auf den Spitz und fragte die Besitzerin: »Comment il s'appelle?«

Die Antwort kam sofort: »Zorro.«

Bis Bologna wusste Amalie, das Zorro der Tochter ihrer Sitznachbarin gehörte, dass er drei Wochen bei ihr in den Ferien war und dass er jetzt nach Rom zurückgebracht werde.

Bis Florenz wusste die andere Frau, dass Amalie auf ihrer Hochzeitsreise nach Rom war, da sie bei der Heirat nach dem Krieg kein Geld dazu hatten und sie bis zum Tod ihres Mannes nicht mehr dazu gekommen waren, und in Rom schließlich wurde Amalie von der Tochter der Frau mit dem Spitz ins Hotel *Ambasciatore* gefahren.

Schon die Eingangshalle war überwältigend, mit roten Teppichen ausgeschlagen, und mit einem Kronleuchter, der aus einem gewaltigen offenen Treppenhaus herunterhing. Die Dame hinter dem großen Empfangspult war außerordentlich freundlich, als Amalie ihr das Mäppchen vom Reisebüro hinüberschob, und auch mit ihrem Italienisch, das sie sich in ihrem Welschlandjahr als junge Frau angeeignet hatte, kam sie ganz gut durch. »Pour trois jours«, sagte sie, und »Parfait« bekam sie zur Antwort.

Leicht belustigt sah sie zu, wie ein junger Bursche in einer Uniform mit Goldtressen, silbernen Knöpfen und einem kecken Mützchen ihren Koffer ergriff. Sie folgte ihm, und er fuhr mit ihr im Lift in den 5. Stock.

Als sie auf dem ausladenden Doppelbett im Zimmer saß, entglitt ihr die Welt wieder für einen Augenblick, und sie schloss die Augen. Sie sah ihren verstorbenen Mann, jung war er, im Sonntagsanzug trat er zur Kirche heraus, blickte sich suchend um und winkte ihr dann zu.

Sie nickte, öffnete ihre große Handtasche und holte den Umschlag hervor, auf dem »Hochzeitsreise« stand. Es war die exakte und schwungvolle Schrift ihres Mannes, und darin waren die Lire, die jetzt Euro hießen. Und auf dem Prospekt, den sie auf das Nachttischchen legte, stand »Rom – die ewige Stadt«. Da war sie also. Erleichtert legte sie sich auf das Bett und schlief sofort ein.

Beim Aufwachen brauchte sie eine Weile, bis sie sich zurechtgefunden hatte. Die Aussicht aus dem Fenster über die unendlich vielen Dächer und Türme war ihr vollkommen unvertraut, und sie konnte sich so lange nicht erklären, wo sie war, bis sie den Prospekt wieder sah.

»Rom«, sagte sie zu sich, »ich bin in Rom«, und plötzlich wurde sie von einem Gefühl erfüllt, das sie kaum mehr kannte. Es war eine Neugier, eine Unternehmungslust, etwas von ganz früher, wenn es in ein Klassenlager ging oder auf eine Schulreise, als sie noch nicht Amalie Ott war, Mutter zweier Kinder, sondern selbst noch ein Kind, ein Kind, das sich auf das Leben freute. Aber da mischte sich noch etwas ein, auch von früher, es war die Angst vor dem Unbekannten, wie damals, als sie für ein Jahr ins Welschland ging und nicht wusste, was sie dort erwartete.

Doch die Freude überwog. Das Zimmer, in dem sie sich befand, gehörte zu einem Hotel, der Name des Hotels stand auf einem Notizblock neben dem Telefon. Sie riss sich das oberste Blatt davon ab und schob es in die Handtasche. Der Schlüssel steckte innen an der Zimmertür, die Nummer war auf dem Anhänger, der die Form einer Birne hatte. Sie zog den Zettel des Notizblocks wieder heraus und schrieb die Nummer unter die Hotel-Adresse, 501. Dann verließ sie ihr Zimmer, schloss die Tür ab, ging zu dem großen offenen Treppenhaus, in welchem der Kronleuchter herunterhing, und stieg in die Eingangshalle hinunter.

Von der freundlichen Frau an der Rezeption erfuhr sie, dass Nachtessen und Frühstück im Sonderangebot inbegriffen waren, dass der Speisesaal gleich neben dem Eingang bereits geöffnet sei und dass man ihr, wenn sie das wolle, für morgen gerne eine Stadtrundfahrt reserviere.

Die nächsten zwei Tage vergingen wie im Rausch. Amalie sah Kirchen, Paläste, Tempelsäulen, Brunnen, Pärke, Kreuzgänge, Dome, sie stand im Kolosseum, sie hörte von den Römern, von Garibaldi und dem Papst, sie sah Gottes ausgestreckten Finger an der Decke der Sixtinischen Kapelle, und es war ihr, als streckte er den Finger nach ihr aus, sie fühlte sich in einer andern Welt; beim Essen hatte sie zuerst geglaubt, die Spaghetti seien die Hauptspeise und konnte fast nicht glauben, dass das Kalbsschnitzel mit der reichen Gemüsegarnitur auch noch für sie war, aber sie aß alles mit großem Genuss auf, trank dazu ein Viertelchen Rotwein, nahm zum Tiramisu einen Kaffee, was sie sonst am Abend nie tat, krönte den Tag mit einem Grappa und ging dann beschwingt in den Lift, den sie inzwischen zu bedienen gelernt hatte, und ließ sich im Zimmer 501 wohlig in das mächtige Doppelbett sinken.

Und die Leute waren so freundlich und verwöhnten sie und sprachen Französisch mit ihr, denn dass das nicht Italienisch war, was sie sprach, hatte sie inzwischen gemerkt. Einmal rannte ihr sogar jemand nach und brachte ihr die Handtasche wieder, die sie in einer Kirche liegen gelassen hatte, und die Kellner waren von einer Höflichkeit, die sie nicht kannte, rückten ihr den Stuhl zurecht, wenn sie sich zu Tisch setzte, und zogen ihn leicht zurück, wenn sie wieder aufstand, sie konnte sich gar nicht erklären, womit sie das alles verdient hatte, so ging man doch sonst nur mit reichen Leuten um.

In den Momenten, in denen ihr nicht klar war, wo sie sich eigentlich befand und was genau sie hierhergeführt hatte, umklammerte sie ganz fest ihre Handtasche, die sie immer mit sich trug, und dann wusste sie es wieder: Sie war auf ihrer Hochzeitsreise, sie holte sie nach, auf Geheiß ihres Mannes, der das Geld im Couvert eigens dafür bestimmt hatte.

Zwar war ihr manchmal, als sei da noch etwas gewesen, eine Art Auftrag, aber sie kam nicht drauf und gab sich ganz dem Genuss ihrer Reise hin.

Am dritten Abend, dem Abend vor ihrer Abreise, gerade als sie ihr Zimmer verlassen wollte, um in den Speisesaal zu gehen, klingelte das Telefon.

Amalie erschrak. Wusste denn jemand, dass sie hier war? Sie zögerte etwas, doch dann drehte sie sich um, ging zum Nachttischchen, hob den Hörer ab und sagte »Hallo?«

Es war ihre Enkelin Cornelia.

Eine Stunde später betrat diese das Entrée des Hotels *Ambasciatore*, wo ihre Großmutter auf sie wartete. Amalie stand auf, und sie umarmten sich.

»Du bist schwanger, Mädchen?«, fragte sie, »das wusste ich gar nicht.«

Sie wusste vieles nicht, und sie erfuhr erst, als sie zusammen im Speisesaal des Hotels saßen, dass man sie zu Hause gesucht hatte und dass die Polizei herausgefunden hatte, dass sie nach Rom gefahren war, worauf ihre Tochter Cornelia angerufen hatte, da diese seit einem halben Jahr in Rom wohnte. Sie unterrichtete an einer deutschen Schule, um sich ihren Lebensunterhalt zu verdienen, während sie an einem Film arbeitete, der nicht vom Fleck kam. Ihr Mann war Italiener, sie kannte ihn von der Filmhochschule in München, und er war gerade auf einer sizilianischen Insel, um etwas über Flüchtlinge aufzunehmen. Zusammen bewohnten sie hier eine Einzimmerwohnung, was nicht so schlimm sei, weil er sowieso die meiste Zeit nicht da sei, und ...

Amalie legte ihre Hand auf die Hand ihrer Enkelin. Es war ihr gerade in den Sinn gekommen, weshalb sie nach Rom gefahren war.

»Und die Sache mit den Drogen?«, fragte sie.

Cornelia zog ihre Hand zurück. »Hat es dir Mama erzählt? Da kannst du beruhigt sein, da bin ich längst wieder raus.«

Amalie schaute sich zu den Nachbartischen um und flüsterte dann: »Warst du lange im Gefängnis?«

Cornelia war baff. »Wie kommst du denn darauf? Ich war überhaupt nie im Gefängnis.«

Und während sie den gemischten Salat aßen, erzählte ihr ihre Großmutter vom Besuch der kraushaarigen Frau und den Folgen.

Am nächsten Nachmittag gingen die beiden Frauen durch den monumentalen Bahnhof von Mailand. Cornelia hatte Amalie bis dorthin begleitet und brachte sie zum Zug nach Basel, in dem sie ohne Umsteigen bis Olten fahren konnte. Am reservierten Platz hob sie das Köfferchen auf die Gepäckablage hinauf und setzte sich einen Moment ihr gegenüber. »Also«, sagte sie, »ich muss wieder zurück nach Rom. Und denk daran: erst in Olten aussteigen, gell?«

Amalie nickte. »Aber sicher, Mädchen, was glaubst du denn?«

Sie schloss ein Moment die Augen. Dann griff sie in ihre Handtasche, nahm den dicken Umschlag der Bank heraus, der die ganze Zeit zuunterst gelegen hatte, und drückte ihn ihrer Enkelin in die Hand.

»Bevor ich's vergesse, das ist für dich. Für dich und das Kind. Du kannst es bestimmt brauchen.«

Cornelia zögerte.

Amalie lachte. »Auch wenn du nicht im Gefängnis warst.«

Cornelia zögerte immer noch, da sagte Amalie: »Nimm es ruhig. Mich gibt's nicht mehr lang. Aber dich.«

Cornelia umarmte sie, dann gingen sie zusammen zur Waggontür.

»Und schick mir eine Anzeige, wenn das Kind da ist!«

Später, als sie am Fuß des San Salvatore am Luganersee entlangfuhr und die Frau gegenüber sie fragte, wo in Italien sie gewesen sei, sagte Amalie: »In Rom. Auf der Hochzeitsreise.«

Franz Hohler: *Der Enkeltrick*. München 2021. S. 5–21.

Damals bei uns daheim

Hans Fallada (1893–1947), der eigentlich Rudolf Wilhelm Friedrich Ditzen hieß, hatte das, was man mit aller Wucht ein schweres Leben nennen kann. Mit 15 Jahren erlitt er einen heftigen Fahrradunfall, den er knapp überlebte und in dessen Folge er Morphium gegen die Schmerzen bekam – möglicherweise der Anfang seiner späteren Drogensucht. Er galt schon als Jugendlicher als verhaltensauffällig und wurde mit 18 Jahren zum ersten Mal straffällig, als er bei einem als Doppelselbstmord geplanten Duell seinen Freund erschoss. Hans im Unglück, darauf bezieht sich sein Pseudonym, und er quälte sich sein Leben lang mit Selbstvorwürfen angesichts der Sorgen, die er seiner Familie immer wieder machte. Seine Kindheitserinnerungen *Damals bei uns daheim* (1941) sind liebevolle Aufzeichnungen. Sie wirken wie eine Mischung aus einer versteckten Bitte um Vergebung an seine Lieben und einem Schöpfen aus einer nicht ganz versiegenden Kraftquelle.

Großmutter

Von den vier Großelternteilen, die jedem vom Weibe Geborenen zustehen, hatte der Himmel mir für meine Kinderjahre nur die Mutter meiner Mutter aufgespart. Die drei andern waren schon verstorben, ehe mein Gedächtnis auch nur die Spur einer Erinnerung an sie aufgenommen hatte. Aber dafür hatte es die uns verbliebene Großmutter auch in sich. Sie war eine Großmutter, wie sie eigentlich nur im Märchenbuch steht, es war, als habe sie alle Großelterneigenschaften der dahingegangenen drei in sich versammelt und strahle sie nun unermüdlich aus, in Fürsorge, Geduld und Liebe für alle ihre Enkelkinder, deren sie viele hatte.

Natürlich ist uns Kindern Großmutter immer uralt vorgekommen. Wie alle Kinder konnte ich kaum Unterschiede im Alter sehen, zwischen dreißig, vierzig und fünfzig Jahren sahen mir alle eigentlich gleich alt aus. Aber dass Großmutter uralt war, viel viel älter als Vater und Mutter, das sah ich doch. Sie ist mir in der Erinnerung als eine kleine, rasch bewegliche Frau, immer in Schwarz gekleidet, mit einem Häubchen aus schwarzen Spitzen und schwarzem Schmelz auf dem ach! so dünnen weißen Scheitel. Sie hatte eine helle, hohe Zwitscherstimme – wenn Großmutter sprach, klang es eigentlich immer, als sänge ein Vogel. Erzählte Großmutter Märchen, so wurde ich es schon wegen dieser Stimme nicht müde, ihr zuzuhören.

Später entdeckten wir Kinder, dass Großmutter nicht nur zwitscherte, sondern dass ihre Sprache auch eine andere Färbung hatte als bei allen andern, die wir kannten. Großmutter sprach nämlich Hannöversch, und wenn auch, nach Ansicht der Hannoveraner, sie, nämlich die Hannoveraner, das reinste Deutsch von der Welt sprechen, so war uns Kindern doch ihr spitzes »St« und das »A«, das nicht wie »A« klang, sondern wie eine Mischung aus

»A«, »Ae« und »Oe«, eine Quelle unerschöpflicher Erheiterung. Wie oft nahten wir uns bei Spaziergängen nicht der Großmutter mit der Miene scheinheiligster Dienstbereitschaft: »Großmutter, dörfen wir nicht doinen Schöl trögen?«

Und die gute Großmutter, deren Herz nie für den Gedanken Raum hatte, ein Enkelkind könne sich einen Spaß mit ihr erlauben, antwortete ganz freundlich: »Danke, mein lieber Djunge, üch wüll den Schöl doch lüber umbehalten, es üst eun wenüg kühl.«

Worauf der Übeltäter mit verhaltenem Prusten zu seinen Geschwistern zurückkehrte. Wir warteten nur drei Minuten, dann wurde der nächste ausgesandt: »Großmutter, dörf üch vülleicht doinen Schöl trögen?« Und unverändert liebevoll kam der Dank.

Oder wir überboten uns darin, s–pitz zu s–prechen, wir wurden so s–pitz, dass unsere Zunge immer an einen s–pitzen S–tein s–tieß. Großmutter hörte es gar nicht. Oder, wenn sie es hörte, und sie hörte es vielleicht manchmal doch, so lächelte sie nur darüber; das waren so Kinderspäße, ihre Enkel waren alle Muster an Artigkeit!

Dieses schlichte, einfache, gütige Herz, diese Ahnungslosigkeit von allem Bösen in der Welt sind Großmutters Schutzwehr gewesen gegen all das Schwere, was das Leben ihr brachte. Es gab schließlich nichts Schlechtes und Schweres für sie mehr. Alles konnte ertragen werden, denn niemandem wurde mehr aufgeladen, als er tragen konnte. Dass dies aber bei ihr so sein konnte, das machte ein schlichtes, einfältiges Christentum, das in ihrem Herzen wohnte, ein unerschütterlicher Glaube, dass sich alles doch endlich zum Guten wenden würde. Großmutter hatte jenes Christentum, das nie Worte machte, nie andern lästig fiel, nie muckerisch war. Sie handelte wie eine Christin, aber sie sprach nie von Christentum.

Ihre Tochter, meine beiden Eltern hatten sich der Kirche entfremdet, und wir Kinder waren ihren Spuren gefolgt, vielleicht, sicher hat ihr das Kummer bereitet. Aber sie sprach nicht davon. Gott mochte wissen, warum er dies zuließ; nicht ihre Sache war es, sich einzumischen. Wenn sie bei uns auf Besuch war, gab sie wohl nichts von ihren Gewohnheiten auf, aber alles geschah ganz unauffällig. Unauffällig verschwand sie am Sonntagmorgen zu ihrem Kirchgang, unauffällig neigte sie beim Mittag- und Abendessen den Kopf, faltete die Hände und flüsterte leise ihr Tischgebet. Und ich muss sagen, so geneigt wir Kinder auch waren, über Großmutters kleine Eigentümlichkeiten uns lustig zu machen, so still verhielten wir uns bei ihrem Gebet. Kaum, dass wir dann einmal zu ihr hin zu schielen wagten. Allerdings hätte uns Vater auch auf diesem Gebiet nicht die kleinste Unart durchgelassen. Er gehörte zu jenen Menschen, die einen jeden auf seine Fasson selig werden lassen, und besonders Bevormundung in Glaubenssachen erschien ihm unerträglich. Er hat uns immer so erzogen, dass auch wir die abweichendsten Ansichten anderer achteten, oder, wenn wir sie nicht achten konnten, doch zu ihnen schwiegen.

Großmutter ist sehr alt geworden, wirklich so alt, wie ich sie mir damals als Kind dachte, trotzdem sie in jener Zeit eine Frau in den besten Jahren war. Im Jahre 1838 geboren, hat sie vier Kriege miterlebt: den dänischen, den österreichischen, den französischen, den Weltkrieg. Zu allen diesen Kriegen sind Söhne, Enkel und Urenkel ausgezogen. Sie hat ihnen Briefe geschrieben, sie hat ihnen Päckchen gesandt, sie strickte und backte, und wenn sie fielen, hat Großmutter um sie geweint. Aber sie tröstete sich rasch wieder. Sie hatte so viele sterben sehen, Geschwister und Kinder und Kindeskinder; sie war wohl allein noch aufbewahrt, eine Uralte. Aber wie groß war die Familie geworden, die von ihr ausging! Einundzwanzig Enkel zählte sie und schon zwölf Urenkel. Nein, sie musste sich nicht ängstigen, die Familie starb nicht aus. Das Blut war noch nicht müde, überall kämpfte es, drang vor, eroberte sich seinen Platz im Leben ...

Es hat mich immer tief gerührt, dass sie, die von einer sehr kümmerlichen Pension als Pastorenwitwe lebte und viel zu stolz war, je eine Unterstützung von ihren Kindern anzunehmen, dass sie, die sich selbst kaum das Nötigste gönnte und sich mit eiserner Sparsamkeit einrichtete, einrichten musste, dass sie jedem von uns Enkel- und Urenkelkindern zu jedem Geburtstag und zu jedem Weihnachtsfest einen Taler sandte. Es sieht nicht nach viel aus, aber wenn man von dreihundert Talern im Jahre leben muss, und wenn man jedes Jahr zweimal dreißig Postanweisungen über einen Taler ausschreibt, dann ist es viel. Dann ist es viel zu viel, weil es ohne alles Aufheben aus dem Nötigsten geschenkt ist.

»Aber es macht mich doch so glücklich, Louise«, sagte sie, wenn Mutter einmal protestierte. »Wenn ich nicht mehr schenken kann, mag ich auch nicht mehr leben. Und die Kinder sollen doch auch merken, dass sie eine Großmutter haben.«

Vor mir liegen zwei Bilder der Großmutter. Das eine stellt sie als junge Frau, das andere als neunzigjährige Witwe dar. Im Äußern, was die Kleidung angeht, sind die Bilder einander sehr ähnlich. Auf beiden ist Großmutter schwarz gekleidet – sie hat ihr ganzes Leben lang nur Schwarz getragen, anders schickte es sich nicht für eine Pastorenfrau und Witwe. Auch das Häubchen ist beide Male da. Bei der jungen Frau ist es noch eine schwarze, vielfach verschlungene Samtschleife, die oben auf den Haaren sitzt und ein schleierartiges Gewebe festhält, das in den Nacken fällt. Und die alt gewordene trägt jenes Häubchen aus schwarzen Spitzen und schwarzem Schmelz, von dem ich schon sprach.

Aber das Gesicht, das Gesicht! Wie das Leben, selbst das schlichteste, demütigste, ganz der Liebe geweihte Leben, ein Gesicht verändern kann! Eine junge Frau mit einem starken Gesicht schaut mich an. Das Kinn ist fest, die nicht kleine Nase grade und bestimmt. Der leicht geschwungene Mund schließt fest die Lippen und hat doch etwas Liebenswürdiges, wie ein verborgenes Lächeln. Nur die Augen sehen ein wenig zu ernst aus. – Und nun das Bild der Greisin daneben, wüsste man es nicht, man glaubte nicht, dass es dasselbe, nur gealterte Gesicht ist. Der Mund hat sich auseinandergezogen, die Lippen sind ganz dünn geworden, das Kinn scheint kürzer und breiter. Es ist, als sei die starke Nase eingesunken, von allen Seiten sind die Falten und Runzeln gekommen, das Leben hat dies Fleisch mit unendlich vielen Furchen immer von neuem durchpflügt. Still Ertragenes, hier spricht es! Geheimer Kummer, hier liegt er am Tag. Verborgene Sorgen, nun sind sie aus dem Innern hervorgekommen! Ungesprochene Worte – der Mund scheint bitter von ihnen geworden. Aber die Augen, und das ist das Hinreißende, die Augen, die in der Jugend so ernst, fast traurig blickten, die Augen lächeln nun! Sie scheinen wohl kleiner geworden unter den schwer hängenden Lidern, über den dicken Wülsten der Tränensäcke, aber sie lächeln mit einer solchen Güte und Liebe, als habe der neunzig Jahre hindurch verschwenderisch ausgestreute Schatz an Liebe sich nicht vermindert, sondern vermehrt. Aus diesen Augen spricht der ewige Triumph des Geistes über das Fleisch, der Liebe über die Vergänglichkeit. Ein uraltes Gesicht, fast schon nicht mehr menschlich, sondern eher der verwitterten, von Flechten überzogenen Rinde alter Bäume gleichend, aber die Augen leuchten wie an jenem ersten Tag, da der Geist sich seiner bewusst ward.

Ein langes Leben liegt dazwischen, zwischen diesen beiden Gesichtern, ein nicht sehr von äußerem Glück begünstigtes Leben. Die Tochter eines Landpastors heiratet wieder einen Landpastor. Glückliche Jahre auf dem Lande, stille, anspruchslose Jahre mit Kindern und Acker und Vieh und einer kleinen armen Gemeinde in der Heide. Aber vielleicht ist dem Mann die Aufgabe zu einfach, er vernimmt einen Ruf. Er will nach Celle, zu den

Letzten der Letzten will er. Er möchte der Seelsorger des Zuchthauses werden.

Er wird gewarnt. Er ist lang aufgeschossen und schwächlich, auf seinen Wangen blühten oft die Kirchhofsrosen, wie man damals noch sagte, aber man sagte es lieber nicht. Er hört nicht, sie ziehen nach Celle, sie wohnen im Zuchthaus. Es gibt ein altes Lied, in dem diese beiden Zeilen stehen:

»In Celle steht ein festes Haus,
Mit unserer Liebe ist es aus ...«

Das feste Haus in Celle hat den Mann nicht halten können, er ging. Aber mit der Liebe war es darum nicht aus, die sechzig Jahre dauernde Witwenschaft beginnt. Als der Mann starb, waren fünf Kinder da, und die Pension war so kärglich! Das Schwerste musste geschehen und ertragen werden: drei der Kinder kamen aus dem Haus, zu gut gestellten Verwandten, unter ihnen meine Mutter. Mit einem Sohn und einer Tochter blieb die Witwe allein.

Ein Leben war zu Ende, das Frauenleben, die Gefährtin eines Mannes musste lernen, Witwe zu sein, nur noch für andere zu leben, nie mehr an sich zu denken. Wie viel Wünsche und Hoffnungen mussten da begraben werden! Das alte Gesicht spricht von ihnen. Drei Kinder in der Fremde – wie viel Sehnsucht und Sorgen – auch davon spricht das Gesicht. Stets kaum das nötigste Geld im Hause, wie viel ängstliches, kleines Sparen – auch das weiß das alte Gesicht zu erzählen. Aber das Herz bleibt, die Liebe siegt, aus den Kindern wird etwas. Nun gibt es schon Enkel, und an die Enkel denkt das alte junge Herz anders als an die Kinder –!

Ich habe es immer als eine grausame, als eine sinnlose Härte empfunden, dass dies schlichte Herz nicht friedlich aufhören durfte zu schlagen. Diese stille Fromme glaubte in ihren letzten Lebensmonaten in der Hölle zu sein. Sie litt Schreckliches, Tag und Nacht wurde sie gequält. Gab man ihr einen kühlen Trunk, so schrie sie voller Grauen, es sei ihr glühendes Eisen in den Hals gegossen. Die um sie waren, wurden zu Teufeln, Gott hatte sie verstoßen. Sie war für immer verdammt – für ihre unermesslichen Sünden. Sie würde nie ihren Mann und ihre Kinder wiedersehen, ewig brannten für sie die Höllenfeuer. Es war eine Erlösung für alle, als sie starb, in ihrem fünfundneunzigsten Lebensjahre. Ich denke, sie wird jetzt ihre Ruhe haben.

Hans Fallada: *Damals bei uns daheim. Erlebtes, Erfahrenes und Erfundenes.* Hamburg 1941. S. 169–174.

Respektsperson auf Abstand

ELIAS CANETTI
DIE GERETTETE ZUNGE

HEINRICH HEINE
MEMOIREN

ANNEMARIE STOLTENBERG
VON GROSSEN UND KLEINEN GROSSMÜTTERN

GERHART HAUPTMANN
DAS ABENTEUER MEINER JUGEND

HEINRICH BÖLL
HAUS OHNE HÜTER

Die gerettete Zunge

In seinen Jugenderinnerungen *Die gerettete Zunge. Geschichte einer Jugend* (1977) beschreibt der Schriftsteller und Literaturnobelpreisträger Elias Canetti (1905–1994) ein Phänomen, das es vermutlich häufig gibt, ohne dass darüber gesprochen würde, ein eher tabuisiertes Phänomen: Eifersucht unter Großeltern. Wer sind die besseren Omas oder Opas – mütterlicher- oder väterlicherseits? Wen lieben die Enkelkinder mehr? Canettis eigene Eltern und Großeltern stammten aus sephardischen Kaufmannsfamilien, in deren Lebensumständen sich unterschiedliche Kulturen spiegelten, die vom Kind als geheimnisvolle Wunderräume wahrgenommen wurden.

Manchmal wurde ich ins Haus des Großvaters Canetti hinübergeführt, wenn er im Geschäft war, um der Großmutter meine Aufwartung zu machen. Sie saß auf dem türkischen Sofa, rauchte und trank schwarzen Kaffee. Sie war immer zu Hause, sie ging nie aus, ich kann mich nicht erinnern, sie damals je außerhalb des Hauses gesehen zu haben. Sie hieß Laura und kam wie der Großvater aus Adrianopel. Er nannte sie »Oro«, was eigentlich Gold bedeutete, ich verstand nie ihren Namen. Von allen Verwandten war sie am meisten türkisch geblieben. Sie stand nie von ihrem Sofa auf, ich weiß gar nicht, wie sie hingelangte, denn ich sah sie nie gehen, und da seufzte sie von Zeit zu Zeit und trank noch eine Schale Kaffee und rauchte. Mit einem klagenden Ton empfing sie mich und entließ mich, ohne etwas zu mir gesagt zu haben, klagend. Für die Begleitperson, die mich hinbrachte, hatte sie einige jammernde Sätze. Vielleicht hielt sie sich für krank, vielleicht war sie es, aber sicher war sie auf orientalische Art sehr faul, und unter dem teuflisch lebendigen Großvater hatte sie bestimmt zu leiden.

Er war, was ich damals noch nicht wußte, wo immer er erschien, sofort im Mittelpunkt, in seiner Familie gefürchtet, ein Tyrann, der heiße Tränen weinen konnte, wenn es ihm behagte, am behaglichsten fühlte er sich in Gesellschaft der Enkel, die seinen Namen trugen. Unter Freunden und Bekannten, ja in der ganzen Gemeinde, war er für seine schöne Stimme beliebt, der besonders Frauen erlagen. Wenn er eingeladen war, nahm er die Großmutter nicht mit, ihre Dummheit und ihr ewiges Gejammer waren ihm lästig. Da war er dann immer bald von einem großen Kreis umringt, erzählte Geschichten, in denen er viele Rollen spielte, und bei besonderen Gelegenheiten ließ er sich erbitten zu singen.

Es gab, außer der Großmutter Canetti, noch vieles in Rustschuk, was türkisch war. Das erste Kinderliedchen, das ich lernte, ›Manzanicas coloradas, las que vienen de Stambol‹ – ›Äpfelchen rote, die kommen von Stambol‹, endete auf dem Namen der Stadt Stambol, von der ich hörte, wie riesig groß sie sei, und ich brachte sie bald mit den Türken in Verbindung, die man bei uns sah. »Edirne« – so hieß Adrianopel auf türkisch –, die Stadt, von der beide Großeltern Canetti stammten, wurde oft genannt. Der Großvater sang nie endende türkische Lieder, wobei es darauf ankam, daß er manche hohe Töne besonders lange aushielt; ich hatte die heftigen und rascheren spanischen Lieder viel lieber.

Nicht weit von uns hatten die wohlhabenden Türken ihre Häuser, man erkannte sie an den engen Gittern vor den Fenstern, die zur Bewachung der Frauen dienten. Der erste Mord, von dem ich je sprechen hörte, war der Eifersuchtsmord eines Türken. Auf dem Weg zum Großvater Arditti führte mich die Mutter an einem solchen Hause vorbei, zeigte mir ein Gitter in der Höhe und sagte, da oben sei eine Türkin gestanden und habe einen Bulgaren, der vorüberging, angeschaut. Da sei der Türke, ihr Mann, gekommen und habe sie erstochen. Ich glaube nicht, daß ich früher wirklich erfaßte, was ein Toter ist. Aber auf diesem Spaziergang erfuhr ich es, an der Hand meiner Mutter. Ich fragte sie, ob die türkische Frau, die man am Boden in einer Blutlache gefunden habe, nicht wieder aufgestanden sei. »Nie!« sagte sie. »Nie! Sie war tot, verstehst du?« Ich hörte, aber ich verstand es nicht und fragte wieder. So zwang ich sie, ihre Antwort ein paarmal zu wiederholen, bis sie ungeduldig wurde und von etwas anderem sprach. Es war nicht nur die Tote in der Blutlache, was mich an dieser Geschichte beeindruckte, sondern auch die Eifersucht des Mannes, die zum Mord geführt hatte. An dieser gefiel mir etwas, und so sehr ich mich dagegen sperrte, daß die Frau endgültig tot war, die Eifersucht ging widerstandslos in mich ein.

Ich erfuhr sie am Ende dieses Spaziergangs an mir selber, als wir beim Großvater Arditti anlangten. Einmal die Woche, jeden Samstag, gingen wir ihn besuchen. Er wohnte in einem rötlichen, weitläufigen Hause. Man ging durch eine kleine Seitenpforte links vom Haus in einen alten Garten, der viel schöner war als der unsere. Ein großer Maulbeerbaum stand da, mit niederen Ästen, auf den es sich leicht klettern ließ. Ich durfte noch nicht hinauf, aber die Mutter ging nie daran vorüber, ohne mir einen Ast oben zu zeigen, es war ihr Versteck, wo sie als junges Mädchen zu sitzen pflegte, wenn sie ungestört lesen wollte. Da verkroch sie sich mit ihrem Buch und saß mäuschenstill, und so geschickt stellte sie es an, daß man sie von unten nicht sah, und hörte nicht, wenn man sie rief, weil ihr das Buch so gut gefiel, da oben las sie alle ihre Bücher. Nicht weit vom Maulbeerbaum führten Stufen hinauf ins Haus, die Wohnräume lagen höher als bei uns, aber die Gänge lagen im Dunkel. Da kamen wir durch viele Zimmer bis ins letzte, wo der Großvater in einem Lehnstuhl saß, ein kleiner, bleicher Mann, immer in Schals und Plaids warm eingepackt, er war kränklich.

»Li beso las manos, Señor Padre!« sagte die Mutter – »Ich küsse Ihnen die Hände, Herr Vater!« Dann schob sie mich vor, ich mochte ihn nicht, und ich mußte ihm die Hand küssen. Er war nie lustig oder zornig oder zärtlich oder streng wie der andere Großvater, dessen Name ich trug, er blieb sich immer ganz gleich, er saß in seinem Lehnstuhl und rührte sich nicht, er sprach nicht zu mir, schenkte mir nichts und wechselte bloß ein paar Sätze mit der Mutter. Dann kam das Ende des Besuches, das ich haßte, es war jedesmal dasselbe. Er sah mich mit einem schlauen Lächeln an und fragte mich mit leiser Stimme: »Wen hast du lieber, den Großvater Arditti oder den Großvater Canetti?« Er kannte die Antwort, alle Leute, groß und klein, waren dem Großvater Canetti verfallen und ihn mochte niemand. Aber er wollte mich zwingen, die Wahrheit zu sagen, und brachte mich in die peinlichste Verlegenheit, die er genoß, denn jeden Samstag geschah es wieder. Ich sagte erst nichts, sah ihn hilflos an, er stellte seine Frage wieder, bis ich die Kraft zur Lüge fand und »Beide!« sagte. Da hob er drohend den Finger und rief, es war das einzige Laute, was ich je von ihm hörte: »Fálsu!« – »Falscher!«, wobei er den starken Ton auf dem »a« lange hinauszog, das Wort klang drohend und klagend zugleich, ich habe es im Ohr, als wäre ich gestern bei ihm zu Besuch gewesen.

Auf dem Weg durch die vielen Zimmer und Gänge hinaus fühlte ich mich schuldig, weil ich gelogen hatte und war sehr bedrückt; die Mutter, obschon sie unerschütterlich an ihrer Familie hing und diesen rituellen Besuch bei ihrem Vater nie aufgegeben hätte, fühlte sich wohl auch ein wenig schuldig, weil sie mich dieser Anklage, die eigentlich dem anderen Großvater galt, aber mich allein traf, immer wieder aussetzte. Sie führte mich zum Trost in die ›bagtsché‹, den Obst- und Rosengarten hinterm Hause. Da zeigte sie mir alle Lieblingsblumen aus ihrer Mädchenzeit, sog ihren Duft tief ein, sie hatte weite Nüstern und immer bebten ihre Nasenflügel, hob mich auf, damit ich auch an den Rosen rieche, und pflückte, falls etwas reif war, für mich ein wenig Obst, was der Großvater nicht wissen durfte, denn es war Sabbat. Es war der wunderbarste Garten, dessen ich mich entsinne, nicht zu gut gehalten, ein wenig verwachsen; und daß der Großvater von diesem Sabbat-Obst nichts wissen durfte, daß die Mutter selbst etwas nicht Erlaubtes tat, mir zuliebe, muß mir das Gefühl der Schuld genommen haben, denn auf dem Heimweg war ich schon ganz munter und stellte wieder Fragen.

Zu Hause erfuhr ich von der Cousine Laurica, daß der Großvater eifersüchtig sei, alle seine Enkel hätten ihren anderen Großvater lieber als ihn, und als größtes Geheimnis vertraute sie mir den Grund dafür an: er sei »mizquin«, geizig, aber das dürfe ich meiner Mutter nicht sagen.

Elias Canetti: *Die gerettete Zunge. Geschichte einer Jugend.* Frankfurt a. M. 1977. S. 23–26. – © 1977 Carl Hanser Verlag GmbH & Co. KG, München.

Memoiren

Heinrich Heine (1797–1856) wuchs als ältester Sohn des Tuch-
händlers Samson Heine und dessen Frau Betty, geborene van
Geldern, im Geist der jüdischen Aufklärung auf. In seinen *Memoiren* (1884) dokumentiert er ein problematisches Verhältnis zu seiner Familie, die jahrelang das Erscheinen seiner Lebenserinnerungen verhindern wollte. Aus seiner Sicht waren die *Memoiren*
sein wichtigstes Werk, auch als Zeugnis seines persönlichen Rin-
gens um reifende Ich-Stärke. Eine kleine Sottise gegen Goethe
deutet allerdings ein brüchiges Selbstwertgefühl an: Heine hatte
den Dichterfürsten um eine Audienz gebeten, die für ihn nicht
besonders erfreulich verlaufen war, denn auf Heine wird – im Vergleich zu seiner eigenen Person – der sich selbst inszenierende
Dichterfürst nahezu aufreizend vom Schicksal begünstigt ge-
wirkt haben. Übrigens irrte Heine mit seiner Vermutung, Goethe
habe den Großvater mütterlicherseits bewusst nicht erwähnt.
Zum einen ist es der Großvater väterlicherseits, der hier gemeint
ist, zum anderen hat Goethe ihn sehr wohl erwähnt. Was er aber
mit Heine teilte, war das Schicksal, dass beide den Großvater
väterlicherseits nicht kannten.

Ich will hierüber keine Untersuchungen eröffnen, und meine persönlichen Bekenntnisse verfolgend will ich vielmehr die Gelegenheit benutzen, die sich mir hier bietet, wieder durch ein Beispiel zu zeigen, wie die harmlosesten Tatsachen zuweilen zu den böswilligsten Insinuationen von meinen Feinden benutzt worden. Letztere wollen nämlich die Entdeckung gemacht haben, dass ich bei biographischen Mitteilungen sehr viel von meiner mütterlichen Familie, aber gar nichts von meinen väterlichen Sippen und Magen spräche, und sie bezeichneten solches als ein absichtliches Hervorheben und Verschweigen und beschuldigten mich derselben eiteln Hintergedanken, die man auch meinem seligen Kollegen Wolfgang Goethe vorwarf.

Es ist freilich wahr, dass in dessen Memoiren sehr oft von dem Großvater von väterlicher Seite, welcher als gestrenger Herr Schultheiß auf dem Römer zu Frankfurt präsidierte, mit besonderem Behagen die Rede ist, während der Großvater von mütterlicher Seite, der als ehrsames Flickschneiderlein auf der Bockenheimer Gasse auf dem Werktische hockte und die alten Hosen der Republik ausbesserte, mit keinem Worte erwähnt wird.

Ich habe Goethen in Betreff dieses Ignorierens nicht zu vertreten, doch was mich selbst betrifft, möchte ich jene böswilligen und oft ausgebeuteten Interpretationen und Insinuationen dahin berichten, dass es nicht meine Schuld ist, wenn in meinen Schriften von einem väterlichen Großvater nie gesprochen ward. Die Ursache ist ganz einfach: Ich habe nie viel von ihm zu sagen gewusst. Mein seliger Vater war als ganz fremder Mann nach meiner Geburtsstadt Düsseldorf gekommen und besaß hier keine Anverwandten, keine jener alten Muhmen und Basen, welche die weiblichen Barden sind, die der jungen Brut tagtäglich die alten Familienlegenden mit epischer Monotonie vorsingen, während sie die bei den schottischen Barden obligate Dudelsackbegleitung durch das Schnarren ihrer Nasen ersetzen. Nur über die großen

Kämpen des mütterlichen Clans konnte von dieser Seite mein junges Gemüt frühe Eindrücke empfangen, und ich horchte mit Andacht, wenn die alte Bräunle oder Brunhildis erzählte.

Mein Vater selbst war sehr einsilbiger Natur, sprach nicht gern, und einst als kleines Bübchen, zur Zeit, wo ich die Werkeltage in der öden Franziskaner-Klosterschule, jedoch die Sonntage zu Hause zubrachte, nahm ich hier eine Gelegenheit wahr, meinen Vater zu befragen, wer mein Großvater gewesen sei. Auf diese Frage antwortete er halb lachend, halb unwirsch: »Dein Großvater war ein kleiner Jude und hatte einen großen Bart.«

Den andern Tag, als ich in den Schulsaal trat, wo ich bereits meine kleinen Kameraden versammelt fand, beeilte ich mich sogleich, ihnen die wichtige Neuigkeit zu erzählen: dass mein Großvater ein kleiner Jude war, welcher einen langen Bart hatte.

Kaum hatte ich diese Mitteilung gemacht, als sie von Mund zu Mund flog, in allen Tonarten wiederholt ward, mit Begleitung von nachgeäfften Tierstimmen. Die Kleinen sprangen über Tische und Bänke, rissen von den Wänden die Rechentafeln, welche auf den Boden purzelten nebst den Tintenfässern, und dabei wurde gelacht, gemeckert, gegrunzt, gebellt, gekräht – ein Höllenspektakel, dessen Refrain immer der Großvater war, der ein kleiner Jude gewesen und einen großen Bart hatte.

Der Lehrer, welchem die Klasse gehörte, vernahm den Lärm und trat mit zornglühendem Gesichte in den Saal und fragte gleich nach dem Urheber dieses Unfugs. Wie immer in solchen Fällen geschieht: ein jeder suchte kleinlaut sich zu diskulpieren, und am Ende der Untersuchung ergab es sich, dass ich Ärmster überwiesen ward, durch meine Mitteilung über meinen Großvater den ganzen Lärm veranlasst zu haben, und ich büßte meine Schuld durch eine bedeutende Anzahl Prügel.

Es waren die ersten Prügel, die ich auf dieser Erde empfing, und ich machte bei dieser Gelegenheit schon die philosophische

Betrachtung, dass der liebe Gott, der die Prügel erschaffen, in seiner gütigen Weisheit auch dafür sorgte, dass derjenige, welcher sie erteilt, am Ende müde wird, indem sonst am Ende die Prügel unerträglich würden.

Der Stock, womit ich geprügelt ward, war ein Rohr von gelber Farbe, doch die Streifen, welche dasselbe auf meinem Rücken ließ, waren dunkelblau. Ich habe sie nicht vergessen.

Auch den Namen des Lehrers, der mich so unbarmherzig schlug, vergaß ich nicht: Es war der Pater Dickerscheit; er wurde bald von der Schule entfernt, aus Gründen, die ich ebenfalls nicht vergessen, aber nicht mitteilen will.

Der Liberalismus hat den Priesterstand oft genug mit Unrecht verunglimpft, und man könnte ihm wohl jetzt einige Schonung angedeihen lassen, wenn ein unwürdiges Mitglied Verbrechen begeht, die am Ende doch nur der menschlichen Natur oder vielmehr Unnatur beizumessen sind.

Wie der Name des Mannes, der mir die ersten Prügel erteilte, blieb mir auch der Anlass im Gedächtnis, nämlich meine unglückliche genealogische Mitteilung, und die Nachwirkung jener frühen Jugendeindrücke ist so groß, dass jedes Mal, wenn von kleinen Juden mit großen Bärten die Rede war, mir eine unheimliche Erinnerung grüselnd über den Rücken lief. »Gesottene Katze scheut den kochenden Kessel«, sagt das Sprüchwort, und jeder wird leicht begreifen, dass ich seitdem keine große Neigung empfand, nähere Auskunft über jenen bedenklichen Großvater und seinen Stammbaum zu erhalten oder gar dem großen Publikum, wie einst dem kleinen, dahinbezügliche Mitteilungen zu machen.

Meine Großmutter väterlicherseits, von welcher ich ebenfalls nur wenig zu sagen weiß, will ich jedoch nicht unerwähnt lassen. Sie war eine außerordentlich schöne Frau und einzige Tochter eines Bankiers zu Hamburg, der wegen seines Reichtums weit und breit berühmt war. Diese Umstände lassen mich vermuten, dass der kleine Jude, der die schöne Person aus dem Hause ihrer hochbegüterten Eltern nach seinem Wohnorte Hannover heimführte, noch außer seinem großen Barte sehr rühmliche Eigenschaften besessen und sehr respektabel gewesen sein muss.

Er starb frühe, eine junge Witwe mit sechs Kindern, sämtlich Knaben im zartesten Alter, zurücklassend. Sie kehrte nach Hamburg zurück und starb dort ebenfalls nicht sehr betagt.

Im Schlafzimmer meines Oheims Salomon Heine zu Hamburg sah ich einst das Porträt der Großmutter. Der Maler, welcher in Rembrandtscher Manier nach Licht- und Schatteneffekten haschte, hatte dem Bilde eine schwarze klösterliche Kopfbedeckung, eine fast ebenso strenge, dunkle Robe und den pechdunkelsten Hintergrund erteilt, so dass das vollwangichte, mit einem Doppelkinn versehene Gesicht wie ein Vollmond aus nächtlichem Gewölk hervorschimmerte.

Ihre Züge trugen noch die Spuren großer Schönheit, sie waren zugleich milde und ernsthaft, und besonders die Morbidezza der Hautfarbe gab dem ganzen Gesicht einen Ausdruck von Vornehmheit eigentümlicher Art; hätte der Maler der Dame ein großes Kreuz von Diamanten vor die Brust gemalt, so hätte man sicher geglaubt, das Porträt irgendeiner gefürsteten Äbtissin eines protestantischen adligen Stiftes zu sehen.

Von den Kindern meiner Großmutter haben, soviel ich weiß, nur zwei ihre außerordentliche Schönheit geerbt, nämlich mein Vater und mein Oheim Salomon Heine, der verstorbene Chef des hamburgischen Bankierhauses dieses Namens.

Heinrich Heine: *Werke und Briefe in zehn Bänden*. Band 7. Berlin/Weimar
[2]1972, S. 203–207.

Von großen und kleinen Großmüttern

Ihr glückliches Lächeln, wenn sie einen anguckte – das ist meine tiefste Erinnerung an meine kleine Oma. Es roch gut bei ihr zu Hause, so eine Mischung aus Lavendel und 4711. Wenn ich heute in Köln bin, gehe ich gerne ganz kurz in einen Laden, in dem dieser Duft noch immer zuverlässig vermarktet wird, und nehme eine Prise davon. Und wenn ich von ihr erzähle, weiß ich, dass meine Worte meine persönliche Erinnerung an sie widerspiegeln. Ich habe sie hier für mich allein, denn die anderen Enkelkinder haben andere Erinnerungen. Das gilt noch mehr für meine große Oma, an die schon meine eigenen Erinnerungen so widersprüchlich sind, dass ich sie kaum miteinander in Einklang bringen kann und somit erst recht nicht mit den Erinnerungen meiner Cousinen und Cousins.

Mein Bruder und ich nannten sie die »kleine Oma« und die »große Oma«. Die »kleine Oma« kam uns regelmäßig besuchen. Sie blieb zwei bis drei Wochen, und meine Mutter rollte dann ausgiebig mit den Augen – aber für uns Kinder war es wunderbar. Liebe pur. Wir saßen an sie gekuschelt und ließen uns von früher erzählen. Von abergläubischen Köchinnen, gestrengen Hausherren, bei denen sie in Stellung gewesen war, von ihrer Kindheit und den gemütlichen Stunden, wenn der Papa Geschichten erzählt hatte und einem der Duft der Maronen auf dem Herd und der Bratäpfel im Herd in die Nase gestiegen war. Sie kaufte sich regelmäßig einen neuen Hut im besten Hause am Platz, und von ihrer kleinen Rente bekamen wir immer ein paar Groschen ab.

Als sie nicht mehr selbst kochen konnte, zog sie in ein Altenheim und genoss es, dass dort zum ersten Mal in ihrem Leben warmes Wasser aus der Leitung kam und für alles gesorgt wurde. Für uns Enkelkinder lagen in einer Silberschale Fünfmarkstücke bereit, wenn wir sie besuchten. Sie verströmte Weisheit und Weichheit. Manchmal erzählte sie von ihren Söhnen Hans und Alfred, die beide im Krieg gefallen waren, und dass sie den kleinen Alfred niemals so heftig verdroschen hätte, nachdem er ihr Arbeitsbuch aus dem Schrank genommen und zerstört hatte, wenn sie gewusst hätte, dass er so früh würde sterben müssen. Sie wackelte mit dem Kopf und den Händen und trank mit Hilfe eines Strohhalms, um nichts zu verschütten, wenn das Zittern zu stark war. Sie nahm immer bedeutungsvoll kleine rote Pillen ein, weil ihr Herz wohl sehr krank war. Sorge um sich konnte sie perfekt erzeugen, vor allem durch das unentwegte Neinsagen, das ihr unkontrollierbares Kopfwackeln hervorrief. Wenn man mit ihr spazieren ging, war das für ein Kind anstrengend, weil man sich ihren Trippelschrittchen anzupassen hatte.

Sie wurde knapp 103 Jahre alt. Immer hat sie betont, dass sie niemals auf der Pflegestation landen wollte. Mit 96 Jahren wurde sie am Blinddarm operiert. Man hätte ihr den Rest ersparen können, aber ihre Töchter konnten sie nicht gehen lassen und ließen sie aus dem Koma zurückholen. Sie lebte noch ein paar Jahre auf der Pflegestation, geistig vollkommen verwirrt. Als sie starb, waren ihre Töchter untereinander zerstritten, und so ließ eine der vier Töchter die Mutter auf einem anonymen Grabfeld bestatten, ganz allein, auch wenn jene Tochter gerne erzählte, die Mutter habe im Tod ausgesehen wie eine Königin. Ohne Trauerfeier konnte ich nie von ihr Abschied nehmen. Sie fehlt mir noch immer. Vor allem, wenn es in meiner Erinnerung draußen im Sturm braust oder ein Pferdewagen vorfährt, um Eisblöcke für den Kühlschrank zu liefern.

Meine »große Oma« hatte als eine der ersten Studentinnen in Hamburg Mathematik studiert, war streng, kühl und hager. Auch als junge Frau wird sie keine Schönheit gewesen sein. Sie hatte lange Zähne, einen strengen Dutt und große, harte Hände. Sie formulierte gerne enorme Ansprüche an ihre Kinder und Enkelkinder. Erstaunlich war, dass sie ihren jüngsten Sohn, den kleinen Nachzügler, schon immer vorgezogen haben muss. Und genau das hat sie bei ihren Enkelkindern fortgesetzt. Ich werde nie vergessen, wie mein kleiner Cousin in meiner unbedeutenden Gegenwart vor ihr stand und aus einer Keksdose etwas in die hingehaltene Hand bekam. Dann strahlte sie mich an und sagte: »Guck, wie schlau er ist.« Der dreijährige Knirps streckte ihr auch seine andere Hand hin und bekam einen zweiten Keks. Die etwas minderbegabte Enkeltochter bekam selbstverständlich gar keinen Keks und war zu gut dressiert, um einen zu fordern. Als mein wirklich noch kleiner Cousin ausgeschimpft wurde und das mit »Gut gebrüllt Löwe!« kommentierte, war sie überzeugt davon, er könne noch vor der Grundschule Shakespeare zitieren, weil sie das Fernsehprogramm mit der *Augsburger Puppenkiste* nicht kannte.

Sie hatte durchaus Humor und konnte laut und herzlich lachen, wenn wir etwas angestellt hatten, das aus ihrer Sicht harmlos und verzeihlich war, aber vom Einfallsreichtum ihrer Enkelkinder kündete. Manchmal sprach sie trockene und eher beiläufig

Warnungen aus, etwa wenn sie uns oben im Birnbaum sitzen sah, um dort noch unreife Früchte zu essen und aus großer Höhe in einen Torfhaufen zu springen. Sie registrierte dann vollkommen ungerührt, dass man es trotzdem tat, weil sie definitiv zu unbeteiligt für etwaiges Mitleid war. Sie arbeitete schwer in der Gärtnerei, die sie und mein Opa betrieben. Morgens um fünf Uhr stand sie auf; wenn sie Schnittblumen vom Feld holen musste, war es noch früher. Darum schlief sie mittags eine Stunde, und man durfte diesen Schlaf auf keinen Fall stören. Einmal habe ich hinter den Gewächshäusern einen Blumentopf als Toilettenersatz verwendet, um sie nicht zu stören, und ihn in meiner Not auf das Nachbargrundstück geworfen. Jahrelang wähnte ich mich wegen dieser bislang unaufgeklärten Missetat polizeilich verfolgt. Als ich größer wurde, frug sie immer streng, was ich gerade lese, und als ich einmal »Peter Altenberg« antwortete, meinte sie: »Ach, für den habe ich selbst doch schon als Backfisch geschwärmt.« Ihr Zimmer hatte ein wunderschönes Blumenfenster, von dem der ganze Raum erdig und gut roch.

Bei einem unserer letzten Gespräche vor ihrem Tod meinte sie einmal, dass man, je älter man würde, mehr darunter litte, was man selbst falsch gemacht habe, als unter dem, was einem angetan worden sei. Nur die Demütigungen ihrer Schwiegermutter, die könne sie nicht vergessen. Vor kurzer Zeit habe ich alte Briefe von ihr gelesen, die sie Verwandten während ihrer Verlobungszeit geschrieben hatte. In einem beklagt sie sich bitter, wie abfällig und kränkend diese Schwiegermutter ihr gegenüber gewesen war. Traurig war sie besonders darüber, dass ihr Verlobter, mein Großvater, nie zu ihr hielt, sondern im Zweifelsfall eher auf der Seite seiner Mutter stand. Von einer Reise nach Helgoland wird da erzählt, die vergiftet von der Schwiegermutter gewesen sein muss. Sie hätte diesen Eisklotz von Ehemann vielleicht lieber nicht heiraten sollen. Beide gehörten

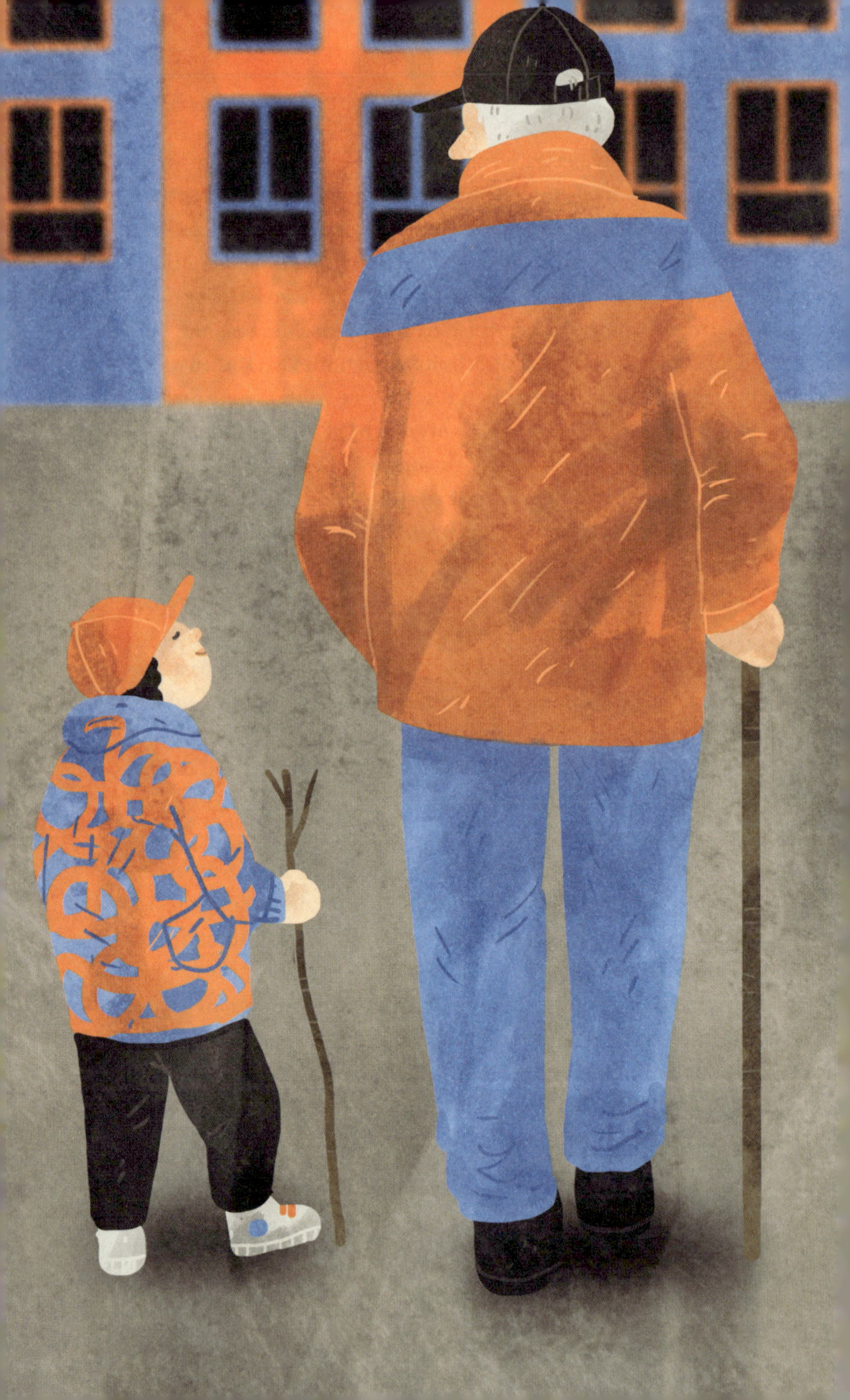

zur Jugendbewegung, man machte Ausflüge aus »grauer Städte Mauern«, suchte die Natur in der Lüneburger Heide, tanzte ums Feuer und probierte beglückende Freiheit aus. So stelle ich es mir zumindest vor.

Es gibt noch einen zweiten Brief von meiner Großmutter, der mich als Enkeltochter sehr bewegt hat. Sie muss als Studentin eine Art Liebesgeschichte mit einem verheirateten Professor erlebt haben. Es war wohl eine bittere Enttäuschung, denn anschließend schrieb sie meinem späteren Großvater, sie habe sich jetzt langsam von schweren Zeiten erholt und wollte noch einmal auf sein »Angebot« zurückkommen. Sie wisse schon, dass man als Frau niemals den ersten Schritt machen sollte, aber er möge ihr verzeihen, dass sie es gleichwohl wage. Sie legte ihm ihre Seele und Freundschaft zu Füßen und betonte ausdrücklich, falls er das nun nicht mehr wolle, könne zwischen ihnen alles so bleiben wie bisher. Für meinen Großvater muss sie der größte (vermutlich unverdiente) Glücksfall in seinem Leben gewesen sein. Sie hat bis zum Umfallen in seinem Gärtnereibetrieb geschuftet, ihn in schweren Zeiten unterstützt und nie im Stich gelassen. Während des Krieges hat sie seinen Lastwagen zum Markt gefahren und danach stillschweigend akzeptiert, nicht wieder ans Steuer zu dürfen. Sie haben vier Kinder bekommen, die alle in die Gärtnerei einsteigen mussten. Die Mädchen und die Jungen. Als sie ein paar Jahre vor ihrem Mann starb, stand er am Grab und hat den emotionalsten Satz gesagt, den ich je von ihm gehört habe: »Bis bald, Berta!« In der Erinnerung an diese Großmutter überrascht mich immer wieder, wie sehr sie doch mein Leben auch als Vorbild mitgeprägt hat. Eine Art Richtschnur, an der man sich orientieren konnte.

Originalbeitrag

Das Abenteuer meiner Jugend

Der Großvater des Dramatikers Gerhart Hauptmann (1862–1946) muss auf seinen Enkel einen eher dunklen Schatten geworfen haben. In der Autobiographie *Das Abenteuer meiner Jugend* (1937) nimmt das Kind mit der Wachsamkeit eines Enkels die Kehrseiten und einen Riss im Wesen des Großvaters wahr. Er beobachtet einerseits genau das Verhalten seiner Mutter ihrem autoritären Vater gegenüber und staunt andererseits über dessen Unterwerfung angesichts der Obrigkeit. Die Erziehung des Kindes wird dem Zeitgeist entsprechend relativ streng gewesen sein und der Großvater eine Respektsperson, zu der keine wirkliche Nähe möglich war.

Mein Großvater, wurde gesagt, war Bade- oder Brunneninspektor. Er war also gleichsam ein souveräner Herr des Kurbetriebes mit allen seinen vorhandenen Anstalten: voran dem Brunnen, seiner Bedienung, seinem Ausschank und seinem Versand, der Pflege der Elisenhalle und der Vermietung ihrer Verkaufsläden, dem Kursaal, seiner Verpachtung und seinem Betrieb, den gärtnerischen Anlagen der Promenaden und der Pflege des Parks, der Kurkapelle und dem Theater. Wo er nicht ganz befahl, war dennoch sein Einfluss maßgebend. Ich glaube, er besaß auf dem fürstlich-pleßischen Kurgebiet sogar Polizeigewalt.

Alle diese eben genannten Betriebszweige charakterisieren den Badeort, und ich bin dankbar, in seiner reizvollen Verbindung von Kultur und Natur aufgewachsen zu sein.

Ich glaube nicht, dass ich immer ein liebenswürdiges Kind gewesen bin. Aber inwiefern ich mir die völlige Nichtbeachtung meines Großvaters zugezogen habe, weiß ich nicht. Wenn ich ihm, wie es wohl geschah, auf dem Wege vom Dachrödenshof zur Kurinspektion begegnete, war er entweder zu stolz, gleichgültig oder in sich gekehrt, dass er meinen Gruß nicht erwidern konnte, und nur kalt über mich hinwegblickte. Das Gleiche geschah, wenn ich etwa auf der Promenade im Grase lag.

Hatte ich also für ihn nichts Anziehendes, so ebenso wenig für seine ältelnden Töchter, Tante Auguste und Tante Elisabeth, die allerdings auch für mich nicht die geringste Anziehungskraft besaßen.

Ein Raum im Küchenbau war die Büfettstube. Sie hatte ein breites Fenster nach dem Hintergarten hinaus, wo immer Völker von Hühnern, Enten, Gänsen, ja Truthähnen – Schlachtvieh für die Tafel – herumliefen. Eine Eisenstange in Handhöhe, woran nachts die Läden verfestigt wurden, diente uns Kindern als Reck, an dem wir uns leicht über die Fensterbrüstung hinaus und von außen ins Zimmer zurückschwangen. Hässliche graue Tapeten, welche Steinquadern darstellen sollten, verunstalteten den modrig feuchten, dumpfen Raum, zumal sie da und dort ihre vergilbte und zerfressene Kehrseite zeigten und als Papierfetzen herabhingen.

Dieses versteckte Gemach ist aus meiner frühen Jugend nicht fortzudenken. Wäsche- und Weinschränke standen darin. Der Lärm der Kasserollen, Pfannen und Stimmen der Küche verband sich mit dem Gekräh und Gekoller der Hähne und Truthähne, Entengeschnatter und Gänsegegack. Hier fand ich des Sommers mein bisschen Essen, wenn ich es mir, meist unbeachtet im Lärm des Betriebs, an den Küchentüren erschlichen hatte.

Hier habe ich meinen würdigen Großvater in halblautem Gespräch mit meiner Mutter zuerst genauer ins Auge gefasst. Der hochgewachsene alte Mann in einem langen, schwarzen Schoßrock hatte Zylinder und spanisches Rohr abgelegt und saß meiner Mutter am Tisch gegenüber. Sie redete flüsternd auf ihn ein, während er seinen Kaffee schlürfte.

Meine Mutter gefiel mir nicht, wenn sie so, was sich wiederholte, mit dem Alten im Verborgenen verhandelte, zumal sie mich, seltsam entfremdet, als gehöre ich gar nicht zu ihr, fortschickte, wenn ich nur auftauchte.

Mein Vater – es war nach der Table d'hôte – hielt um diese Zeit seinen Mittagsschlaf, und ich hatte es im Gefühl, dass er von den hier geführten Gesprächen nichts wissen sollte.

Beklagte sich Mutter über ihn? Ähnliches muss ich vermutet haben, denn der Vorgang nahm mich gegen sie und mehr noch gegen den Alten ein. Nun erst begriff ich, dass er nicht nur mein Großvater, sondern auch zugleich der Vater meiner Mutter war. Ich erkannte, wie meine Mutter vor ihm sich demütigte und diese für mich autoritativste unter den Frauen vor ihm zum gehorsamen Kinde wurde. Gegen diese Erniedrigung meiner großen Allmutter empörte ich mich, zugleich bewegte mich Eifersucht, und endlich sah ich die Einheit von Vater und Mutter gefährdet: Gefühle, die sich, gelinde gesagt, in Abneigung gegen den Alten verwandelten. Woher hatte ich dieses instinkthafte Misstrauen?

Ein immer wiederkehrendes Wort bei ihm war: »Der Fürst, der Fürst.« Er meinte den, dem das Bad gehörte, dessen Beamter und dessen Vertreter er war. Das Substantivum »der Fürst, der Fürst« war überhaupt im ganzen Ober-Salzbrunn das meist gebrauchte, und auch bei uns verging kein Tag, wo es nicht am Familientische gefallen wäre.

Eine Zarin von Russland hatte die Heilquelle gebraucht, und mein Großvater musste der hohen Dame alltäglich morgens und abends den Brunnen kredenzen. Bei festlichen Anlässen trug er die schöne Brillantnadel, die er zum Dank dafür erhalten hatte. Ich war wohl immerhin auf ihn stolz.

So bekam zwar nicht dieser Stolz, aber mein Begriff von dem ehernen Bau der Gesellschaft einen erschütternden Stoß, als mich der Zufall zum Zeugen eines gewissen Vorgangs machte.

Wie täglich strich ich einmal wieder in den Anlagen um das Gebäude der Kurverwaltung herum und sah meines Großvaters stattlich hohe Gestalt hinter der Bürotür verschwinden. Er war versonnen an mir vorübergeschritten, auch diesmal, ohne mich zu beachten. Der ehrfurchtgebietende Greis wurde allseitig gegrüßt, auch von den Rollknechten, die eben dabei waren, schön gehobelte Brunnenkisten versandfertig auf Frachtwagen zu verstauen. Als der Ortsgewaltige aber ihren Blicken entschwunden war, ergingen sie sich in rohen Beschimpfungen, die ich auf ihn deuten musste. Ich war noch zu klein, um mich einzumischen. Bei dem Gedanken der bloßen Möglichkeit einer solchen Gotteslästerung wäre mir das Herz stillgestanden, hier aber wurde sie auf eine rücksichtslos entehrende Art und Weise Wirklichkeit. Das Erlebte begrub ich in mir, weil mir war, die bloße Erwähnung mache mich mitschuldig.

Gerhart Hauptmann: *Abenteuer meiner Jugend.* Gütersloh 1954. S. 37–39.

HEINRICH BÖLL

Haus ohne Hüter

In seinem Roman *Haus ohne Hüter* (1954) beschreibt Heinrich Böll (1917–1985) das Leben von zwei Familien in Nachkriegsdeutschland. Die Väter sind im Krieg ums Leben gekommen, und die Frauen suchen nach Orientierung. Um die Erziehung von Martin, der als Schlüsselkind aufwächst, bemüht sich gelegentlich seine Großmutter. Als eine schreckliche Person erscheint sie dem Enkel, der sich vor ihr und ihren Versuchen, ein großbürgerliches Leben vorzuspielen, fürchtet.

Es war schrecklich, wenn die Großmutter ihn zum Essen mit in die Stadt nahm. Es geschah nur selten, dass sie überhaupt ausging, aber gerade darum hatte sie in gewissen Restaurants einen Ruf, und ihr Erscheinen rief beim Personal jenes merkwürdige Lächeln hervor, von dem er nie wusste, ob es spöttisch oder wirklich ehrfürchtig war. Sie liebte schweres und reichliches Essen, fette Suppen, bräunliches, dickflüssiges Zeug, dessen Geruch ihm schon Ekel verursachte, und die Mayonnaisen ließ sie sich auf Eis stellen, um nach dem Genuss sehr heißen Fettes in den von eiskaltem zu kommen. Große Stücke Braten wurden bestellt, die sie beroch, mit Messer und Gabel auf ihre Zartheit untersuchte und rücksichtslos zurückgehen ließ, wenn das Fleisch nicht ihrem Geschmack entsprach. Fünf verschiedene Salate, die sie durch umständliches Hantieren mit Gewürzen und Flaschen verbesserte, geheimnisvolle silberne Kannen, kupferfarbene Tropfer, Streuer, und die lange Unterhaltung mit dem Kellner über Gewürze. Die Rettung war der Teller mit großen Schnitten ganz weißen Brotes, der wie ein Turm in der Mitte des Tisches stand; und vergeblich wartete er auf das, was er außer Brot noch mochte: Kartoffeln. Gelblich-weiß, dampfend, mit Butter und Salz mochte er sie, aber die Großmutter verachtete Kartoffeln.

Sie trank Wein und bestand darauf, er müsse Apfellimonade trinken, ein Getränk, das sie als Kind so geliebt hatte. Sie war unglücklich, wenn er nicht trank, und begriff nie, dass etwas, was ihr als Kind so wunderbar erschienen war, ihm nicht wunderbar erschien. Er aß nur wenig: Salat, Suppe und Brot, und selber schlingend wie eine Wilde, nahm sie seinen geringen Appetit kopfschüttelnd hin. Vor dem Essen bekreuzigte sie sich herausfordernd. Die Arme schlenkernd wie Mühlenflügel, schlug sie sich mit der flachen Hand auf die Stirn, Brust und Bauch. Nicht nur dadurch, auch durch ihre Kleider erregte sie Aufsehen; schwarze schwere Seide und eine leuchtend rote Bluse, die ihr gut zu dem blühenden Gesicht stand. Die Kellner, der Geschäftsführer und die Büfettmädchen hielten sie für eine russische Emigrantin, doch war sie in einem winzigen Eifeldorf geboren und hatte ihre Kindheit in tiefstem Elend verbracht. Immer wenn sie gut aß, erzählte sie davon, wie schlecht sie als Kind gegessen hatte; mit lauter Stimme, so dass die Leute an den Nachbartischen aufhorchten, beschrieb sie die fade Süße zerkochter Steckrüben und die Bitternis angebrannter Magermilchsuppen; genau beschrieb sie den Brennnesselsalat und das saure dunkle Brot ihrer Kindheit, während sie triumphierend eine Scheibe weißesten Weißbrotes auseinanderbröckelte. Eine ganze Litanei von Flüchen hatte sie für die Kartoffel bereit: mehliges Erstickungsmittel, preußisches Brot – und eine wild hingemurmelte Folge von Dialektausdrücken, die er nicht verstand. Sie nahm eine neue Scheibe Weißbrot, mit der sie die Soße auftupfte, und ihre leuchtend blauen Augen zeigten dann den Ausdruck einer Wildheit, die ihn erschreckte. Und er begriff, warum er Angst vor ihr hatte, wenn sie zu beschreiben anfing, wie zu Hause Kaninchen geschlachtet worden waren. Er hörte die Knochen der zarten Tiere knacken, sah ihre Augen brechen, Blut fließen, und es wurde ihm genau beschrieben, wie man sich um die Eingeweide gebalgt hatte: dunkelrotes Gemengsel, Lunge, Leber und Herz, um die sie, als die Jüngste, meistens von ihren hungrigen älteren Geschwistern betrogen worden war; jetzt noch, nach mehr als fünfzig Jahren, heulte sie vor Wut über ihren Bruder Matthias, der es immer verstanden hatte, das Herz der Kaninchen an sich zu reißen; Lump, Schurke nannte sie ihn, der schon zwanzig Jahre lang auf dem Friedhof ihres Heimatdorfes ruhte. Er hörte das dumme und irre Gegacker von Hühnern, die im ärmlichen Hof umherrannten, wenn ihr Vater mit dem Beil in der Hand in den Hof trat: mageres Federvieh, das, wie sie sagte, »reif für die Suppe war«. Jammernd erzählte sie, wie sie bei den großen Bauern, wenn sie schlachteten, um eine Schüssel Blut betteln ging und fettige klumpige Wurstbrühe in der Waschschüssel nach Hause trug. Wenn sie so weit erzählt hatte, war der Nachtisch nicht mehr weit, außerdem der Zeitpunkt, wo er unweigerlich sich würde erbrechen müssen, denn als letzten Fleischgang verzehrte sie Lammsteak, blutig und weich, und sie zerschnitt es, verschlang es, die Zartheit des Fleisches preisend; ihm aber kam der Gedanke an zerschnittene, geschlachtete Kinder, und während er sich auf Eis, Kaffee und Kuchen zu freuen versuchte, wusste er doch, dass er erbrechen und nichts mehr würde essen können. Alle Speisen, die auf dem Tisch gestanden hatten, fielen ihm wieder ein: die fette, glühend heiße Gulaschsuppe, Salate, Braten und die verdächtig rötlichen Soßen, und er betrachtete entsetzt den Teller der Großmutter, auf dem sich mit Fett gemischtes Blut sammelte, Blut mit Fettaugen. Während des ganzen Essens lag eine brennende Zigarette neben ihr im Aschenbecher, und zwischen den einzelnen Bissen nahm sie einen Zug und blickte triumphierend rund.

Er dachte daran, dass Brielach und Behrend jetzt im Garten Fußball spielten, eiskalte Limonade und Marmeladenbrote bekamen und dass Albert später mit ihnen wegfahren und irgendwo Eis essen würde; vielleicht an der Brücke oder unten am Rhein, wo man von den Tischen aus Steine ins Wasser werfen und den Männern zusehen konnte, die Teile verrosteter Schiffswracks aus dem Wasser holten. Verdammt war er hier, zwischen Fressern zu sitzen, und die Großmutter tupfte befriedigt blutiges Fett mit Brot auf.

Jedes Mal überlegte er zu lange, ob es Zeit sei, zum Klo zu gehen und dort zu erbrechen, aber die Großmutter saß immer in der äußersten Ecke des Lokals, und der Weg zum Klo führte an fünf, sechs, sieben großen Tischen vorbei. Er zählte sie ängstlich, und der rostbraune Läufer schien in eine Unendlichkeit fressender Menschen zu führen; er hasste sie, wie er die Großmutter hasste, heiße Gesichter, deren Röte durch das Weiß der Servietten noch röter erschien. Dampfende Schüsseln, und das Knacken von Knochen, Kinderknochen, Blut mit Fettaugen, die gierig kalten Augen der mageren Fresser und die heißen, geröteten, entsetzlich gutmütigen Augen der dicken Fresser, und die Kellner schleppten, schleppten geschlachtete Kinder, *gebrochene*, vom Büfett her, und die Augen derjenigen, die noch keine Schüssel vor dem Bauch stehen hatten, beobachteten gierig den Weg der Kellner.

Der Weg zum Klo war weit. Einmal war es ihm gelungen, dorthin zu kommen. Taumelnd war er durchs Spalier der Fresser gegangen, immer ängstlicher von Schritt zu Schritt, und es war ihm gelungen, das Klo zu erreichen: weiße Kacheln und der Geruch von heißem Urin, künstlichen Zitronenaromas und von Seife. Der Tisch des Wärters mit bunten Packungen, Kämmen, Handtüchern und grunzende Fresser, deren gerötete Gesichter er doppelt sah in den Spiegeln, im Original. Doppelreihe von Mördern, die in ihren Zähnen herumstocherten, feiste Backen abtasteten, um die Rasur zu überprüfen, und ihre Zungen im Munde herumwälzten.

Weiße Hemdenstücke in geöffneten Hosenlätzen und endlich ein freier Platz. Er beugte sich über das Becken, und der heftig auf ihn eindringende Geruch des Fleischfresserurins erhöhte seinen Ekel, erhöhte auch den Brechreiz, und er sehnte sich nach Befreiung, die das Erbrechen bringen würde. Genau neben ihm die runde rote, ganz junge Fratze eines Knochenknackers, der zu ihm sagte: »Steck den Finger in den Mund, los, steck den Finger in den Mund.« Er hasste die gutmütige Zudringlichkeit dieses Mörders, dieses roten Gesichts, und er sehnte sich nach Onkel Albert, nach seiner Mutter, nach Glums einfachem eckigem Gesicht und nach Boldas pechschwarzem glattem Haar um ihr weißes Gesicht herum, er sehnte sich danach, mit Brielach und Behrend Fußball zu spielen. Aber er war gefangen, war verloren zwischen rülpsenden, pinkelnden Knochenknackern, eingesperrt in dieses so tödlich saubere weiße Gefängnis, verdammt, ewig nur den Geruch heißen Urins und künstlichen Zitronenaromas zu riechen. Die weiche warme Tatze des Wärters legte sich von hinten auf seinen Nacken, und das breiig-gutmütige Gesicht lag auf seiner Schulter: »Was hat denn mein Junge?« In diesem Augenblick drang die Großmutter ins Männerklo ein, entsetzt weiteten sich die Augen des weichen warmen Wärters, und die Pinkler fummelten schamhaft an ihren Hosen herum. »Was ist denn los, mein Kleiner, was hast du denn?« Ihre Hände waren leicht und doch fest, sie beugte seinen Nacken, zwang ihm, obwohl er vor Entsetzen schrie, ihren langen gelblich getönten Zeigefinger in den Mund, und trotzdem erbrach er nicht, hart lag der Ekel im Magen, ein Eisenklumpen, unauflösliches verkrampftes Entsetzen, und die Großmutter schleppte ihn durchs Spalier der Fresser zurück; hier erst geschah es, mitten im Restaurant, als er am Tisch eines Mörders vorbeiging, der mit einem harten Ruck des Messers – Genugtuung im Blick – rosiges blutiges Kinderfleisch zerschnitt, er spürte, wie das Entsetzen sich löste und hoch kam. Er fühlte weder Scham noch Reue, nur kalten Triumph, und nun, wo das Entsetzen seinen Magen verlassen hatte, konnte er sogar lächeln.

Der Kinderfresser wurde rot, dann stieg es gelb von seinem Halse her herauf, Geschrei ringsum, Geklirr und das windige Huschen der Kellner, während die Großmutter lachend Heilung des Schadens durchs Scheckbuch versprach. Sein Anzug war sauber geblieben, sein Gesicht trug keine Flecken, er brauchte nur mit dem Taschentuch ein wenig den Mund abzuwischen, heil, leer und frei und als Sieger ging er aus diesem Kampf hervor. Er hatte seine Hände nicht beschmutzt, seine Seele nicht befleckt und das gewaltsam in ihn hineingezwungene Essen wieder von sich gegeben. Selbst die Großmutter hatte jetzt keinen Appetit mehr, sie ließ Sahnekuchen, Eis und Kaffee stehen, riss einen Scheck aus ihrem Heft, noch einen für des Kindermörders Anzug, noch einen, um den Kellner zu beruhigen, und jetzt, wo sein Magen leer war, ging er ohne Angst und ohne Scham an der Hand der Großmutter über den langen rostbraunen Läufer hinaus.

Und es kam die Heimkehr im Taxi, wo die Großmutter brummend Kommentare zu den »verkorksten« Mägen der heutigen Jugend gab. »Kein Mensch kann mehr vernünftig was essen, kein Mensch kann mehr vernünftig was trinken, kein Mensch kann mehr 'ne vernünftig starke Zigarette rauchen, schwaches, zum Tode verurteiltes Geschlecht.«

Diese Ausflüge fanden nur etwa alle halbe Jahre statt. Er spürte, wann wieder einer fällig war, wie er *Blut im Urin spürte* – und möglichst drückte er sich daran vorbei, indem er schon vor dem Mittagessen verschwand oder Onkel Albert anflehte, mit ihm wegzufahren –, aber die Flucht war nur ein Hinausschieben, denn die Großmutter erwischte ihn. Diese Ausflüge gehörten mit zu der Schulung, die sie für notwendig hielt. Als er fünf Jahre alt war, hatte sie eines Tages zu ihm gesagt: »So, jetzt will ich dir einmal zeigen, wie man richtig isst«, und sie hatte ihn zum ersten Mal mit in Vohwinkels Weinstube genommen. Damals hatte er die Vorstellung gehabt, dass vom Büfett her geschlachtete Kinder ins Lokal getragen, dampfende Schüsseln mit rosigem Fleisch von ungeduldigen Mördern erwartet wurden, und er achtete von seinem fünften Lebensjahr an scharf darauf, wie die Erwachsenen aßen, was sie aßen, und mit einem kühnen Gedankensprung kam er zu dem Ergebnis, dass es unmoralisch sein müsse, was dort geschah. Unermüdlich aber schleppte ihn die Großmutter mit, und längst schon kannte ihn der Geschäftsführer, kannten ihn Büfettmädchen und Kellner, und er hatte ganz genau gehört, was sie flüsterten: »Die Großfürstin mit dem Kotzer.« Aber die Großmutter ließ nicht nach, es lag ihr daran, ihn an gewaltiges Essen zu gewöhnen. Gänseknochen mussten vor seinen Augen geknackt und ausgesogen, Fleisch musste gegessen, blutige Steaks mussten vor seinen Augen zerschnitten werden, und er hasste sie alle. Viel von dem geheimnisvollen Etwas, das *Geld* hieß, wurde bezahlt. Scheine und Münzen – konnte etwas anderes als Kinder so teuer sein?

Heinrich Böll: *Haus ohne Hüter*. Köln 1966. S. 104–108. – © 2009, Verlag Kiepenheuer & Witsch GmbH & Co. KG, Köln.

Vorbilder fürs Leben

MAX SCHARNIGG
VORLÄUFIGE CHRONIK DES HIMMELS ÜBER PILDAU

DIE BRÜDER GRIMM
DER ALTE GROSSVATER UND DER ENKEL

JOHANN WOLFGANG GOETHE
DICHTUNG UND WAHRHEIT

MAX SCHARNIGG

Vorläufige Chronik des Himmels über Pildau

Der Schriftsteller Max Scharnigg, geboren 1980, ist ein Meister
des Verflechtens von Realität und Fantasie. In seinem Roman
Vorläufige Chronik des Himmels über Pildau (2013) leben drei
Männer aus drei Generationen auf einem abseits gelegenen Hof:
Enkel Jasper, sein Vater und sein Großvater. Der Vater erzählt
seinem Sohn zwar liebend gerne Geschichten von einem Groß-
wesir oder dem Reiseritter Robert, zieht sich aber – für Jasper
unerreichbar – in seine eigene Bücherwelt zurück. Der Großvater
übernimmt den praktischen Part in der Lebensgemeinschaft und
kümmert sich um die Versorgung, Haus und Garten und die große Schleie im See. In dieser Melancholie ihres Außenseitertums
und der Traurigkeit angesichts mancher Fehlentscheidung ist
der Großvater der sicherste Hafen für seinen Enkel, vorerst …

Wenn der Großvater aus seinem Zimmer kam, zog er erst
seine blaue Arbeitsjacke an, dann gab es einen Pfiff, den
ich auch an den Trichtergruben auf dem Hügel hören konnte.
Noch in der Sekunde, in welcher der Ton in den Hügeln verhall-
te, war ich in der Bewegung zurück zum Haus, egal, womit ich

gerade beschäftigt gewesen war. Sein Pfeifen war jeden Mittag das Ende meines ziellosen Schwärmens. Dann spielten wir, aber es war kein Spielen im eigentlichen Sinn. Es war der Großvater von März bis November auf beiden Knien im Garten, einen alten Sack als Unterlage und mit beiden Händen in kurzen Bewegungen das Unkraut zupfend, dazwischen immer aufhäufelnd, die fein gekrümelte Erde an das Selleriegrün und die gelben Rüben. Ich daneben, als wacher Assistent und Geräteträger. Mit der Sorgfalt des Ingenieurs legte er seine Beete an und hatte dabei immer auch einen Blick auf meine Hände und ob sie genau genug die winzigen Grashalme und den Löwenzahn zogen. Das alles waren dennoch Spiele, es gab das Nur-mit-links-Spiel und das Schweigende-Gärtner-Spiel oder das, bei dem wir bei jedem gerupften Löwenzahn laut »Patscherkofel!« rufen mussten, weil es unser geheimes Lieblingswort war. Der Großvater vergrub auch kleine Schätze für mich, auf die ich beim Jäten stieß. Ein Perlmuttknopf unter einem Löwenzahn, den er so geschickt darunter verborgen hatte, dass ich nicht wusste, ob er schon immer da gewesen war. Wir stutzten die Himbeeren und die wilde Pfefferminze, die ab Mai in alle Beete kroch, vereinzelten Mangold und Spinat, steckten Zwiebeln und betteten die Gurken auf Stroh. Jeder Ortswechsel bedeutete, dass ich in die Schubkarre steigen durfte und chauffiert wurde, hinüber zu den Himbeeren am Pfänderhof, zum Brunnen oder in die Scheune, wenn er neue Stecker für die Hofstange vorbereitete. Der Garten war der Großvater und der Großvater war der Garten. Alles, was wir dort brauchten, versteckte sich in seiner blauen Jacke, es war nicht viel. Ein Messer, eine endlose Spindel gedrehter Schnur, ein Holzstäbchen, in das er Kerben geschnitzt hatte, eine für fünf Zentimeter und eine für zehn, das ganze Stäbchen waren noch mal in zwei Kerben, und das war der Abstand, in dem der Mangold zu vereinzeln war. Aus seinen Taschen rieselte bei jedem

Schritt das Steinmehl, der einzige Dünger, den wir hier benutzten.

An diesem Nachmittag war der Garten noch kahl, nur winzige, krause Blättchen zogen sich schon in langen Reihen, und wir beschränkten uns darauf, die Beete abzustecken und die Wege dazwischen mit Brettern auszulegen, die am Ende des Sommers wie eingewachsen im Boden liegen würden. Das war vielleicht meine erste große Erkenntnis überhaupt: Bretter, die man am Anfang des Jahres glatt und hell zwischen die Reihen legt, haben am Ende des Jahres keine scharfen Kanten mehr, sondern liegen nur noch weich und fest in ihrer getretenen Form, vom Regen gequollen und von der Sonne wieder getrocknet, so oft.

Der Großvater hatte auch als Einziger ein Auge auf meine Garderobe, die ich mir seit jeher selbst aussuchte, mein Vater wäre an dieser Aufgabe in aller Eile verzweifelt. Er selbst trug seit seiner Zeit in Cambridge nichts anderes als eine gelbe Kordhose und einen weinroten Pullover, der gelegentlich, wenn die Lene-Mama kam, auch ein grüner Pullover wurde. Für mich gab es in meinem Zimmer einen Schrank, in dem lag, was ich besaß, und fast all diese Sachen waren schon lange vor mir in Pildau gewesen, der ganze Schrank war aus der Zeit gefallen und wunderlich. Es gab darin eine richtige Kostümkiste mit Pelzstreifen, Spitzenborten und Federketten, die ich für echt indianisch hielt. Daneben gab es Hosen und steife Hemden und ein paar Wollpullover, die mir allesamt zu klein oder zu groß waren, manchmal sogar beides zugleich. Viele Sachen waren auch nicht mehr vollständig, es gab aufgetrennte Ärmel und ungestopfte Löcher. Aber das kümmerte mich alles nicht, ich kannte jedes der Teile so gut, wie ich alles hier kannte, hatte sie alle geschmeckt, nass und trocken getragen, zwischen den Fingerspitzen gerieben, gerochen und mir die Augen damit zugehalten. Schlimm gefroren hatte ich auch schon in allen, und dabei lernt man seine Garderobe bekanntlich am besten kennen. Zur Abrundung gab es in dem Schrank eine Menge Bänder, Schnüre und Nähutensilien, die früher mal jemand sehr ordentlich benutzt haben musste.

Zu meiner Zeit flog in dem Schrank alles durcheinander, ich zog an, was ich in die Hände bekam, und ließ dabei weniger das Wetter als meine Laune Ratgeber sein. Aber was hatte ich auch für Vorbilder? Der Großvater trug sein Blauzeug, das es für Kinder nicht gab, wie ich mich mehrmals versichert hatte. Mein Vater brach den Rekord im Tragen von Kordhosen mit roten Pullovern, und der Reiseritter Robert verreiste immer nur in einem dottergelben Schlafanzug. An meinem sechsten Geburtstag entschied ich mich mittags für eine festliche Garderobe, die sich aus dem unbeirrten Festhalten an der Schlafanzughose und einem weichen Strickwams zusammensetzte, das mir bis an die Knie schlotterte. Im Haar trug ich einen violetten Samtstreifen, der durchaus praktischen Nutzen hatte, er hielt nämlich meine Haare beim Gartenkriechen zurück. In der Hosentasche hatte ich ein Pfeifchen, das für einen anderen Jungen geschnitzt worden war und zu meinem Kronschatz gehörte, genau wie die Patronenhülsen und oxidierten Steine, Tonscherben aus dem Garten und eine Münze mit drei Löwen, zum Turm gestapelt. Diese Sachen führte ich in der gleichen Absicht mit mir, wie sich ein Bürgermeister am Feiertag seinen Orden anheftet, es war ein stolzes Ornat.

Später am Nachmittag rief mich der Großvater noch zu den Mangoldbeeten. Zehn Meter Mangold hatten wir für dieses Jahr geplant und in Zweierreihen gesät, die winzigen Blättchen trugen schon die roten Adern, die später zu mächtigen Stielen werden würden. Mangold war das bevorzugte Gemüse auf unserem Hof, ich fand es später erstaunlich, festzustellen, dass niemand sonst diese Einschätzung teilte oder über die Vorzüge der Pflanze Bescheid wusste. Wir machten alles mit Mangold. Der Großvater kochte damit Eintopf, machte ein Mangoldmus, das etwa wie Kartoffelbrei diente, oft gab es auch die Pildauer Version eines Risotto, in dem Reis und Mangold zu gleichen Teilen verrührt wurden, bis wenigstens eines von beiden gar war, seltener auch Salate, und wenn es Pfannkuchen gab, briet er die Mangoldstiele nur kurz an und rollte die rosige Masse ein, rosa Pfannkuchen, so hieß das bei uns. Der Mangold wuchs schnell und war das ganze Jahr und bis zu den ersten Frösten zu ernten, was ihn in den Augen des Großvaters zu einer idealvernünftigen Speisepflanze befördert hatte. Mein Vater mochte ihn, nicht wie ich wegen der rosa Pfannkuchen, sondern weil der Mangold sich nie hängen ließ, seine Blätter sich bis zum Schluss stark um ihren Stiel wölbten und nur sacht aneinanderrieben, für ein einziges zartes Knistern, wenn der Sommerwind in den Garten fuhr. Es gab bei uns roten und gelben Mangold, und im August sahen die Beete so aus, als würden sie brennen.

An diesem Tag im April vereinzelten wir die Sprösslinge, damit sie nicht zu dicht aufwuchsen, eine Arbeit, die ich schon so oft gemacht hatte, dass ich sie mit einer Hand erledigte. Das Vereinzeln war eine schöne, etwas traurige Aufgabe, denn man riss ineinander verschlungene Pflänzchen auseinander, die sich gegen den Wind umarmt hatten. »Opa, bin ich vielleicht etwas zu oft vereinzelt worden?« Ich sah das Stottern seines mechanischen Zupfens, sah ein winziges Innehalten, er blickte nicht zu mir herüber, sondern nur auf die lange Reihe Mangoldpflänzchen vor sich. »Jasper, du bist kein Mangold. Du bist auch noch kein Mann, du bist nur ein bisschen Gold«, das sagte er.

Max Scharnigg: *Vorläufige Chronik des Himmels über Pildau*. Hamburg 2013. S. 33–38. – © 2013 Hoffmann und Campe Verlag, Hamburg.

Der alte Großvater und der Enkel

In den bürgerlichen Häusern des 19. Jahrhunderts wuchsen die meisten Kinder selbstverständlich in einem Dreigenerationen-haushalt auf, und es waren meist die Großeltern, die die Kinder beaufsichtigten und ihnen Geschichten erzählten. Die Brüder Grimm, die damals auf der Suche waren nach den Schätzen der Volkspoesie und Volksweisheit, versuchten all jene Märchen auf-zuschreiben, die überwiegend von alten Frauen erzählt und bis dahin nur mündlich überliefert wurden. Oft waren es Frauen, die nicht lesen und schreiben konnten. Ihre Enkelkinder lernten es und rümpften mitunter über die »Ammenmärchen« die Nasen. So haben wir es dem Spürsinn und der Weitsicht der Romantiker Jacob (1785–1863) und Wilhelm Grimm (1786–1859) zu verdanken, dass diese Märchen, wie *Der alte Großvater und der Enkel,* in ih-ren Kinder- und Hausmärchen (1812–1858) verschriftlicht wurden, ehe sie in Vergessenheit geraten konnten.

Es war einmal ein steinalter Mann, dem waren die Augen trüb geworden, die Ohren taub, und die Knie zitterten ihm. Wenn er nun bei Tische saß und den Löffel kaum halten konnte, schüttete er Suppe auf das Tischtuch, und es floss ihm auch etwas wieder aus dem Mund. Sein Sohn und dessen Frau ekelten sich davor, und deswegen musste sich der alte Großvater endlich hinter den Ofen in die Ecke setzen, und sie gaben ihm sein Essen in ein irdenes Schüsselchen und noch dazu nicht einmal satt; da sah er betrübt nach dem Tisch, und die Augen wurden ihm nass. Einmal auch konnten seine zitterigen Hände das Schüsselchen nicht festhalten, es fiel zur Erde und zerbrach. Die junge Frau schalt, er sagte aber nichts und seufzte nur. Da kaufte sie ihm ein hölzernes Schüsselchen für ein paar Heller, daraus musste er nun essen. Wie sie da so sitzen, so trägt der kleine Enkel von vier Jahren auf der Erde kleine Brettlein zusammen. »Was machst du da?«, fragte der Vater. »Ich mache ein Tröglein«, antwortete das Kind, »daraus sollen Vater und Mutter essen, wenn ich groß bin.« Da sahen sich Mann und Frau eine Weile an, fingen endlich an zu weinen, holten alsofort den alten Großvater an den Tisch und ließen ihn von nun an immer mitessen, sagten auch nichts, wenn er ein wenig verschüttete.

Brüder Grimm: *Die schönsten Märchen.* Stuttgart 2021. S. 239 f.

Dichtung und Wahrheit

Das Leben von Johann Wolfgang Goethe (1749–1832) wurde nicht nur von ihm selbst in *Aus meinem Leben. Dichtung und Wahrheit* (1811) penibel beschrieben und beleuchtet, es ist auch von der Literaturgeschichte und -wissenschaft bestens erforscht worden. Über die Rolle des Puppenspiels, das Goethes Großmutter für ihre Enkelkinder bereithielt, und die Aufnahme dieses Motivs in *Wilhelm Meisters theatralische Sendung* (entstanden von 1777 bis 1785) sowie *Wilhelm Meisters Lehrjahre* (erschienen 1795/96) gibt es etliche Studien. Reste des Puppenspiels sind erhalten geblieben und können im Frankfurter Goethehaus betrachtet werden. Goethe schenkte 1800 seinem Sohn August zu Weihnachten ebenfalls ein Puppenspiel, das heute in Weimar aufbewahrt wird. Auch seinen eigenen Enkelkindern, an denen er sehr hing, hat er ein Puppentheater vermacht.

Gewöhnlich hielten wir uns in allen unsern Freistunden zur Großmutter, in deren geräumigem Wohnzimmer wir hinlänglich Platz zu unsern Spielen fanden. Sie wusste uns mit allerlei Kleinigkeiten zu beschäftigen, und mit allerlei guten Bissen zu erquicken. An einem Weihnachtsabende jedoch setzte sie allen ihren Wohltaten die Krone auf, indem sie uns ein Puppenspiel vorstellen ließ, und so in dem alten Hause eine neue Welt erschuf. Dieses unerwartete Schauspiel zog die jungen Gemüter mit Gewalt an sich; besonders auf den Knaben machte es einen sehr starken Eindruck, der in eine große langdauernde Wirkung nachklang.

Die kleine Bühne mit ihrem stummen Personal, die man uns anfangs nur vorgezeigt hatte, nachher aber zu eigner Übung und dramatischer Belebung übergab, musste uns Kindern um so viel werter sein, als es das letzte Vermächtnis unserer guten Großmutter war, die bald darauf durch zunehmende Krankheit unsern Augen erst entzogen, und dann für immer durch den Tod entrissen wurde. Ihr Abscheiden war für die Familie von desto größerer Bedeutung, als es eine völlige Veränderung in dem Zustande derselben nach sich zog.

Johann Wolfgang Goethe: *Dichtung und Wahrheit*. Stuttgart 2012. S. 15 f.

Generationen im Wandel

Meine gute alte Zeit

Die Britin Agatha Christie (1890–1976) gilt mit über zwei Milliarden verkauften Büchern weltweit als die erfolgreichste Schriftstellerin der Literaturgeschichte, gefolgt von William Shakespeare, den sie sehr verehrt hat. Christie verfügte über genau die Sorte Selbstbewusstsein, die man vermutlich nur in einer behüteten, wohlausgestatteten Kindheit erwerben kann. Sie musste in den ersten Jahren nicht einmal zur Schule gehen, sondern wurde von ihrer Mutter unterrichtet, die ihr Schreibtalent von Anfang an förderte. In ihrer Autobiographie *Meine gute alte Zeit* (engl. *An Autobiography*, posthum erschienen 1977) erzählt sie von Großmutter und Großvater ebenso wie von »Oma-Tanten«, die oft wichtige Rollen für Kinder spielen. Bei Agatha Christie sind es schräge Originale mit skurrilen Eigenheiten.

Ashfield war Zuhause und wurde als solches angesehen; Ealing aber war ein begeisterndes Erlebnis. Es besaß die romantische Ausstrahlung eines fremden Landes. Eine seiner Herrlichkeiten war die Toilette – einschließlich des wunderbar großen Sitzbrettes aus Mahagoni. Wenn ich darauf saß, fühlte ich mich wie eine Königin auf dem Thron. Hierher zog ich mich des Morgens zurück, nahm feierlich Platz, neigte huldvoll mein

Haupt, gewährte Audienzen, streckte meine Hand aus, um sie küssen zu lassen – bis ich dringend aufgefordert wurde, herauszukommen, weil auch andere die Toilette aufzusuchen wünschten. An der Wand hing eine farbige Karte von New York, die mich sehr interessierte. Es gab mehrere amerikanische Buntdrucke im Haus. Im Gastzimmer gab es einige, die mir besonders gut gefielen. Eines, »Wintersport« betitelt, zeigte einen Mann auf einer Eisdecke, der durch ein kleines Loch einen Fisch herauszog. Es schien mir ein eher trübseliger Sport zu sein.

Da Vater die Nichte seiner Stiefmutter (der englischen zweiten Frau seines amerikanischen Vaters) geheiratet hatte, und da er sie Mutter rief, während seine Gattin sie weiterhin Tantchen nannte, lautete ihre offizielle Bezeichnung »Omatante«. In den letzten Jahren seines Lebens war mein Großvater ständig zwischen New York, wo seine Firma ihren Sitz hatte, und Manchester, wo sich die englische Niederlassung befand, hin- und hergependelt. Er war der Held einer typischen amerikanischen Erfolgsgeschichte. Als armer Junge war er aus Massachusetts nach New York gekommen, hatte als Laufbursche in einer Firma angefangen und es mit den Jahren zum Teilhaber gebracht. Er erwarb ein großes Vermögen. Hauptsächlich, weil er seinen Mitmenschen zu sehr vertraute, ließ mein Vater es dann aber dahinschwinden. Was noch übrig blieb, brachte mein Bruder im Eiltempo durch.

Nicht lange bevor er starb, hatte mein Großvater ein großes Haus in Cheshire gekauft. Er war damals schon ein kranker Mann, und seine zweite Frau wurde in verhältnismäßig jungen Jahren Witwe. Sie blieb eine Zeit in Cheshire wohnen, kaufte aber dann in Ealing ein Haus, das damals praktisch »auf dem Land« stand. Wie sie oft erzählte, gab es ringsrum nur Felder. Als ich sie das erste Mal besuchen kam, konnte ich das kaum glauben. Ganze Reihen sauberer Häuschen erstreckten sich nach allen Richtungen.

Omas Haus und Garten übten eine besondere Faszination auf mich aus. Ich teilte das Kinderzimmer in mehrere »Territorien« auf. Der vordere Teil hatte ein Erkerfenster und auf dem Fußboden einen gestreiften Läufer, er wurde von mir »Murielzimmer« genannt (vielleicht, weil man diese Art Fenster damals »Oriels« nannte). Der hintere Teil, mit einem Brüsseler Teppich ausgelegt, war der Speisesaal. Verschiedene Matten und Linoleumflecken wies ich anderen »Räumen« zu. Vor mich hinmurmelnd schritt ich geschäftig und wichtigtuerisch von einem Raum meines Hauses zum anderen.

Nicht weniger faszinierend war Omatantes Bett, ein riesiges Himmelbett aus Mahagoni, eingeschlossen von roten Damastvorhängen. Es war ein Federbett, und früh am Morgen, bevor ich mich anzog, kam ich ins Zimmer gehuscht und hüpfte hinein. Oma war schon um sechs Uhr wach und hieß mich immer freundlich willkommen. Unten war der Salon, voll von Möbeln mit reicher Intarsienarbeit und Meißener Porzellan. Wegen des draußen errichteten Observatoriums war der Raum aber in immerwährende Düsternis gehüllt. Der Salon wurde nur bei Einladungen benützt. Daneben lag das Frühstückszimmer, wo sich meistens eine Nähmamsell aufhielt. Dabei fällt mir jetzt ein, dass Nähmamsellen in jenen Tagen das unvermeidliche Zubehör eines Haushalts darstellten. Zwischen ihnen allen bestanden gewisse Ähnlichkeiten: Sie hatten normalerweise sehr feine Manieren, lebten in beengten Verhältnissen und wurden von der Dame des Hauses und der Familie mit ausgesuchter Höflichkeit, von Personal hingegen höchst unliebenswürdig behandelt. Sie bekamen ihr Essen aufs Zimmer und waren, soweit ich mich entsinnen kann, nicht imstande, Kleider zu liefern, die passten. Alle waren entweder zu eng oder hingen in losen Falten herunter. Die Antwort auf allfällige Bemängelungen lautete für gewöhnlich: »Ach ja, aber Miss James hat so ein schweres Leben gehabt!«

Im Speisezimmer verbrachte Oma ihr Leben in viktorianischer Behaglichkeit. Sie saß entweder am großen Mitteltisch in einem enormen Ledersessel und schrieb Briefe oder ruhte in einem großen Samtfauteuil vor dem Kamin. Auf den Tischen, auf dem Sofa und auf einigen Stühlen türmten sich Bücher – Bücher, die hier ihren Platz hatten, und solche, die aus lose gebundenen Paketen hervorguckten. Oma kaufte immerzu Bücher, für sich und für Geschenke, und am Ende wurden die Bücher zu viel für sie, und sie vergaß, wem sie sie hatte schicken wollen. Oder sie entdeckte, dass »der liebe kleine Junge von Mr Bennett«, von ihr unbemerkt, achtzehn geworden war und sich kaum noch für *Die Jungens von St. Guldred's* oder *Timothy Tigers Abenteuer* interessieren dürfte.

Eines der großen morgendlichen Ereignisse war Omas Visite der Speisekammer, die neben der Seitentür lag, die in den Garten führte. Ich war immer gleich zur Stelle, und dann rief Oma: »Was kann ein kleines Mädchen hier nur wollen?« Erwartungsvoll stand das kleine Mädchen da und spähte in die Tiefen der Kammer. Reihen von Gläsern mit Marmeladen und Eingemachtem, Kisten mit Datteln, Obstkonserven, Feigen, Reineclauden, Kirschen, kandierte Angelikawurzel, Päckchen mit Rosinen und Korinthen, pfundweise Butter und Säcke voll Zucker, Tee und Mehl. Hier wurden alle Lebensmittel aufbewahrt und jeden Tag im Hinblick auf den Speisezettel feierlich herausgegeben. Auch wurde eine gründliche Untersuchung darüber vorgenommen, auf welche Weise die Zuteilungen des vergangenen Tages verwertet worden waren. Oma hielt offene Tafel für alle, war jedoch jeglicher Verschwendung abhold. War für den Bedarf des Tages gesorgt, und erwies sich die Rechnung des vergangenen Tages als zufriedenstellend, öffnete Oma ein Glas Reineclauden, und ich lief fröhlich und mit vollen Händen in den Garten hinaus.

Wie sonderbar ist es doch, wenn man an seine Kindheit zurückdenkt, dass das Wetter an bestimmten Orten immer das gleiche zu sein scheint. In Torquay ist es immer ein Herbst- oder Winternachmittag. Im Kamin brennt ein Feuer, auf dem Kamingitter hängt Wäsche zum Trocknen, und draußen wirbeln Blätter durch die Luft oder manchmal auch – das war besonders aufregend – Schneeflocken. Im Garten in Ealing ist es immer Sommer, ein zumeist heißer Sommer. Ich spüre noch, wie mir, wenn ich durch die Seitentür gehe, die trockene heiße Luft entgegenschlägt. Auch dieser kleine Flecken grünen Rasens, von Rosenbäumchen eingeschlossen, war eine Welt für sich. Das Wichtigste waren die Rosen. Die verblühten Köpfchen wurden täglich entfernt, die anderen Rosen geschnitten, ins Haus gebracht und in vielen kleinen Vasen arrangiert. Oma war unmäßig stolz auf ihre Rosen; ihre Größe und Schönheit schrieb sie dem Inhalt der Nachttöpfe zu. »Flüssiger Dünger, meine Liebe – es gibt nichts Besseres! Niemand hat solche Rosen wie ich!«

Sonntags kamen meine andere Großmutter und für gewöhnlich ein oder zwei Onkel zum Mittagessen. Es war ein herrlicher viktorianischer Tag. Oma Boehmer, die Mutter meiner Mutter, kurz Oma B. genannt, traf gegen elf Uhr ein. Sie keuchte ein wenig, weil sie sehr korpulent war, noch beleibter als Omatante. Nachdem sie, aus London kommend, eine Aufeinanderfolge von Zügen und Omnibussen durchgestanden hatte, dachte sie zunächst nur daran, ihre Knopfstiefel loszuwerden. Ihr Dienstmädchen Harriet pflegte sie auf diesen Reisen zu begleiten. Harriet kniete vor ihr nieder, um ihr die Stiefel auszuziehen und sie durch ein Paar bequemer Pantoffeln zu ersetzen. Dann ließ sich Oma B. mit einem tiefen Seufzer am Speisezimmertisch nieder, und die zwei Schwestern widmeten sich ihren Sonntagvormittag-Geschäften. Diese bestanden aus langwierigen und komplizierten Abrechnungen. Oma B. erledigte eine große Anzahl Einkäufe im »Army and Navy«-Kaufhaus in der Victoria Street. Das »Army and Navy«-Kaufhaus war für beide Schwestern der Mittelpunkt der Welt. Listen, Preise und Rechnungen wurden von den beiden frohgestimmt und eingehend überprüft. Sie unterhielten sich über die Qualität der Waren: »Es hätte dir auch nicht gefallen, Margaret. Keine gute Qualität – kein Vergleich mit dem letzten pflaumenfarbigen Samt.« Dann holte Omatante ihre große Geldtasche hervor, die mir immer ehrfürchtige Scheu einflößte und die ich als äußeres und sicheres Zeichen immensen Reichtums ansah. Das mittlere Fach enthielt eine Menge Goldsovereigns, und der Rest war prall mit Halfcrowns und Sixpence gefüllt – da und dort fand sich auch ein Fünf-Schilling-Stück. Nun wurden die Rechnungen für Reparaturen und kleine Einkäufe beglichen. Das »Army and Navy«-Kaufhaus lieferte natürlich auf Rechnung – ich glaube, dass Omatante stets ein Geldgeschenk einschloss, um Oma B.s Zeitaufwand und Mühe abzugelten. Die Schwestern waren einander zugetan, aber es gab auch reichlich Streitigkeiten und Eifersüchteleien zwischen den zwei Frauen. Es machte ihnen beiden Spaß, die andere zu hänseln und ihr eins auszuwischen. Oma B. war, nach eigenen Angaben, die Schönheit der Familie gewesen. Omatante pflegte das abzustreiten. »Mary (oder Polly, wie sie sie nannte) hatte ein hübsches Gesicht, das schon«, sagte sie, »aber meine Figur hatte sie natürlich nicht. Männer legen Wert auf eine gute Figur.«

Nachdem die sonntägliche Rechnerei beendet und die Liste der Besorgungen für die kommende Woche fertiggestellt war, erschienen die Onkel. Onkel Ernest bekleidete eine Stellung im Innenministerium, und Onkel Harry war Direktor des »Army and Navy«-Kaufhauses. Der älteste Onkel, Onkel Fred, befand sich bei seinem Regiment in Indien. Der Tisch wurde gedeckt und das Sonntagessen aufgetragen.

Ein monumentaler Braten, dann Kirschtorte mit Sahne, ein Riesenstück Käse und schließlich Obst – serviert auf den schönsten Desserttellern, die man sich vorstellen kann. Ich habe sie noch; achtzehn, glaube ich, von den ursprünglichen vierundzwanzig, und für mehr als sechzig Jahre ist das gar nicht so schlecht. Die Ränder sind hellgrün, mit goldenen Bogen verziert, und in der Mitte eines jeden Tellers ist eine andere Frucht zu sehen. Meine liebste Frucht war und ist heute noch die Feige, eine saftige, purpurrote Feige. Für meine Tochter Rosalind war es immer die Stachelbeere, eine ungewöhnlich große und delikate Stachelbeere. Dazu gab es auch noch einen herrlichen Pfirsich, rote Johannisbeeren, weiße Johannisbeeren, Himbeeren, Erdbeeren und viele andere. Der Höhepunkt des Mahls war gekommen, sobald diese Teller, jeder mit Spitzendecken und Fingernapf, auf den Tisch gestellt wurden. Jetzt musste einer nach dem anderen raten, welche Frucht auf seinem Teller zu sehen war. Warum uns dieses Spiel so viel Spaß machte, kann ich heute nicht mehr sagen, aber es war immer ein aufregender Augenblick, und wenn man richtig riet, hatte man das Gefühl, etwas höchst Anerkennenswertes vollbracht zu haben.

Nach solch lukullischem Mahl wurde geschlafen. Omatante zog sich auf ihren Fauteuil vor dem Kamin zurück. Oma B. ließ sich auf dem weinfarbenen Ledersofa nieder, und über ihre gewaltigen Formen wurde ein Afghan gebreitet. Was die Onkel machten, weiß ich nicht mehr. Kann sein, dass sie spazieren gingen, vielleicht zogen sie sich aber auch nur in den Salon zurück. Das Frühstückszimmer konnten sie nicht benützen, weil es das Heiligtum von Miss Grant war, die damals die Stellung einer Nähmamsell bekleidete. »So ein trauriger Fall, meine Liebe«, pflegte Oma ihren Freundinnen zuzuflüstern, »so ein armes Geschöpf, deformiert, nur ein einziger Ausgang, wie beim Huhn!« Dieser Satz fesselte mich immer wieder, weil ich nicht wusste, was er bedeutete. Von was für einem Ausgang war da die Rede?

Nachdem alle außer mir zumindest eine Stunde fest geschlafen hatten – ich pflegte mich vorsichtig im Schaukelstuhl zu schaukeln –, wurde »Schulmeister« gespielt. Sowohl Onkel Harry wie auch Onkel Ernest taten sich in diesem Spiel hervor. Wir saßen alle in einer Reihe, und wer immer Schulmeister war, schritt, mit einem Knüppel aus Zeitungspapier bewaffnet, vor uns auf und ab und schleuderte uns in barschem Ton Fragen entgegen: »Wann wurde die Nadel erfunden? Wie hieß die dritte Frau Heinrichs VIII.? Auf welche Weise kam William Rufus zu Tode? Von welchen Krankheiten wird der Weizen befallen?« Wer eine richtige Antwort gab, rückte um einen Platz vor, wer sie verfehlte, rückte zurück. Das war wohl der viktorianische Vorläufer der Quizspiele, die uns heutzutage so viel Spaß machen. Anschließend setzten sich die Onkel ab, sie hatten ihre Pflichten gegenüber Mutter und Tante erfüllt. Oma B. blieb noch zum Tee, dann kam der schreckliche Augenblick, wenn Harriet mit den Knopfstiefeln erschien und sich daranmachte, die Füße ihrer Herrin hineinzupressen. Bejammernswert war es, dabei zuzusehen, und es muss schrecklich gewesen sein, die Tortur über sich ergehen zu lassen. Oma B.s arme Knöchel waren am Ende des Tages angeschwollen wie Puddinge. Um die Knöpfe mit Hilfe eines Stiefelknöpfers in ihre Löcher zu zwängen, bedurfte es angestrengten und quälenden Kneifens und Quetschens, das ihr spitze Schmerzensschreie entlockte. Oh, diese Knopfstiefel! Warum trug man sie nur? Wurden sie von Ärzten empfohlen? War es ein sklavisches Opfer, das man der Mode brachte? Ich weiß, es hieß, Stiefel wären gut für Kinderfüße, um die Knöchel zu stützen und zu stärken, aber dieses Argument ließ sich doch kaum auf eine alte Dame von siebzig anwenden!

Agatha Christie: *Meine gute alte Zeit. Eine Autobiographie.* Bern/München 1977. S. 34–40. – © 1977 by Agatha Christie Limited. All rights reserved. Für die deutschsprachige Ausgabe Copyright © 2017 Hoffmann und Campe Verlag, Hamburg.

Die Geheimnisse der Großeltern

Der 1948 geborene Psychologe und Psychotherapeut Wolfgang Krüger sagt, dass jeder Mensch in irgendeiner Weise geprägt wird durch seine Beziehung zu den Großeltern. Darum hält er es für außerordentlich wichtig, ihr Schicksal zu kennen, um die Familiengeheimnisse, Defizite und traumatischen Ereignisse entschlüsseln zu können. Ein Zugang zu den eigenen Kräften – wie zu den seelischen Familienschätzen – ist so möglich. In seinem Buch *Die Geheimnisse der Großeltern* (2020) nennt er es: »Unsere Wurzeln kennen, um fliegen zu lernen.«

Schatz 1: die Vorbilder

Zum Generationenschatz gehört vor allem die Lebensgestaltung der Großeltern, die für uns häufig viel attraktiver ist als die der Eltern. So meinte eine Reiseleiterin: »Meine Mutter war unruhig und nervös ... aber meine Großmutter war bodenständig, sie hatte was Derbes, hat gern gelacht, sie konnte das Leben so nehmen, wie es war. Sie hat sich zwar geärgert, wenn wir ihr unter dem Rock geschaut haben. Aber sie hatte immer – auch wenn sie sich aufregte – eine große Geduld ... von ihr habe ich die ›Leck-mich-am-Arsch-Stimmung‹ ...«

Großeltern sind oft ruhiger, haben schon eine abgeklärte Lebenseinstellung gefunden. Sie müssen sich nicht so abrackern wie die Eltern, können das Leben eher genießen. So jedenfalls empfand es ein 50-jähriger Ingenieur, dessen Eltern immer beschäftigt gewesen seien. Sein Großvater habe demgegenüber immer viel Zeit gehabt, wäre gern in die Kneipe gegangen, hätte dort viele Leute getroffen und mehrere Zeitungen gelesen. »Wenn er betrunken war, sprach er fließend Französisch. Von ihm habe ich mir die Leichtigkeit des Lebens abgeschaut. Es ist das Erbe meines Großvaters, wenn ich heute mit dem Rad durch die Mark Brandenburg fahre und das Leben genieße.«

Schatz 2: Die Großeltern als Lehrer

Zum Familienschatz gehören auch besondere Fähigkeiten und Kenntnisse. Das können handwerkliche Fertigkeiten sein, künstlerische Begabungen oder ausgeprägte Interessen. Der schmackhafte Schweinebraten der Großmutter zählt ebenso dazu wie das Wissen über geschichtliche Ereignisse. Hierbei sind es oft die Großväter, die eine tiefe Freude daran empfinden, dass sie ihr Wissen an die Enkelkinder weitergeben dürfen. Das ist jetzt ihre Bestimmung. Erikson nennt dies die Aufgabe der Generativität. Er meint, man müsse sich als älterer Mensch um zukünftige Generationen kümmern, und zählt hierzu vor allem das Unterrichten. Es sei die fürsorgliche, engagierte Weitergabe von Wissen. Und das können Großeltern besonders gut.

Sie verfügen über Wissen und gleichzeitig über viel Geduld. Deshalb sind sie oft begeisterte Lehrer. Das spürt man noch heute bei der Schilderung einer Schriftstellerin, die der Überzeugung ist: »Ich habe von meinem Großvater alles gelernt: Wie eine Uhr geht, wie man zeichnet, wie man das perspektivisch macht. Er hat mir gesagt, dass man die Leute im Hause grüßt und danke und bitte sagt. Er hat mir auch das Schreiben beigebracht, und wenn ich dann zu ihm kam, hat er die Fehler markiert. Er hat das so lieb gemacht, dass ich ihm das nie übelnahm. Und ich habe Ausdauer gelernt, ich habe beispielsweise die Knopfkiste genommen und habe alle Knöpfe rausgesucht, die zusammenpassten und habe sie dann auf dünne Pappe genäht.«

Die Liebe zur Natur

Was Großeltern häufig vermitteln, ist die Liebe zur Natur. Vielleicht ist es gerade ihre Achtung gegenüber allem Lebendigen, die so anrührend ist. Deshalb prägen uns solche Lernerfahrungen oft nachhaltig. Eindrucksvoll berichtete mir eine Künstlerin: »Ich habe bei meinem Großvater viel gelernt über den Garten und dass Regenwürmer nützlich sind. Er hat mein Interesse an Pflanzen und Tieren geweckt, was bis heute wichtig für mich ist. Und er hat mich in den Garten mitgenommen, hat mir gezeigt, wie er Obstbäume veredelt hat. Ich durfte mit ihm die Hühner füttern, und es gab noch ein Bienenhaus, denn er war zeitweise Imker gewesen. Meine Großmutter hatte aber Angst vor Bienen, deshalb hat er sie abgeschafft. Doch es gab noch die leeren Waben in einer Hütte. 2 × 3 Meter groß. Dorthin habe ich mich manchmal zurückgezogen, es war dunkel und roch sehr gut. Ich habe später diesen Geruch wieder entdeckt, er war sehr positiv besetzt für mich und ich habe mir dann selbst Bienen angeschafft.«

Schatz 3: Die Haltung zum Leben

Großeltern vermitteln uns vor allem eine Haltung zum Leben. Alles, was sie erkämpft haben, jeden Sieg über die Widrigkeiten des Alltags, übertragen sie als Kraftquellen auf uns. Wenn wir in das gefurchte Gesicht der Großeltern, in ihre meist schon müden Augen schauen, die aber dennoch das Leben erfassen, so sagen sie uns: Das Leben ist trotzdem möglich! Denn einfach war ihr Leben meist nicht. Die Großeltern meiner Generation erlebten schon den Ersten Weltkrieg, die Weltwirtschaftskrise und den Zweiten Weltkrieg. Todesängste und Arbeitslosigkeit belasteten ihr Leben in einer Weise, die für uns unvorstellbar ist. Ihre Lebensziele gingen meist nicht in Erfüllung. Sie fanden nicht die Liebe, die sie ersehnten. Oft verarmten sie. Nicht selten war ihr Alltag nur ein Überleben. Und trotzdem kannten sie gelegentlich glückliche Stunden. So sind die Großeltern ein Vorbild dafür, wie man schwierige Zeiten überstehen kann.

Deshalb bewunderte ich immer meine Großmutter, die so tapfer mit dem Leben umging. Nie erlebte ich sie gedrückt, verstimmt oder wütend. Sie hatte ein festes Lebenskorsett: Sie stand früh auf, kümmerte sich um die Hühner, versorgte den Kater und war den ganzen Tag aktiv. Das Leben fast demütig anzunehmen, war das Geheimnis ihres kleinen Lebensglücks. Sie kam nicht auf die Idee zu verreisen, zu faulenzen oder einmal bis mittags zu schlafen. Immer stand sie früh auf und hatte ein Lebensprinzip: Man müsse die Pflichten gern tun, um sich dann etwas zu gönnen. Das war eine Tasse Kaffee oder ein Stück Bienenstich. Etwas hinauszuzögern wäre ihr nicht in den Sinn gekommen. Diese Lebenshaltung hat mich tief geprägt. Ich stehe immer früh auf und erledige heutzutage auch meine Steuererklärung ohne Murren, gebe meine Buchmanuskripte – zur

Freude meines Lektors – immer rechtzeitig ab. Das ist das seelische Erbe meiner Großmutter.

Schatz 4: Die Lebensweisheit

Großeltern haben viel erlebt, mussten manche Enttäuschung verkraften. Doch nun müssen sie sich nicht mehr beweisen, oftmals spüren sie, dass ihr Leben langsam zu Ende geht. Dann sind sie häufig nicht mehr bereit, alle Moden mitzumachen, sich anzupassen, anderen nach dem Munde zu reden. Man wird im positiven Sinne ›eigensinnig‹, fast schon philosophisch. So erlebte es auch der unehelich geborene Thomas Bernhard, der zeitweilig bei den Großeltern lebte. Sein Großvater Johannes habe ihn zur geistigen Eigenständigkeit erzogen: »Er machte mich darauf aufmerksam, dass der Mensch einen Kopf hat und was das bedeutet.« Mit dem Enkel unternahm der Großvater stundenlange Spaziergänge, er erklärte ihm den Namen von Pflanzen und Tieren. Und er verteidigte ihn, wenn er zu Hause ausgerissen war. Er glaubte an ihn, an seine Außergewöhnlichkeit und Genialität. »Wie nichts auf der Welt« liebte deshalb der österreichische Schriftsteller seinen Großvater mütterlicherseits. Und in seinem autobiographischen Roman ›Ein Kind‹ nennt Bernhard die Großväter »die Lehrer, die eigentlichen Philosophen jedes Menschen«. Sei man mit ihnen zusammen, würde der Vorhang aufreißen und man sehe nicht nur, was auf der Bühne und im Zuschauerraum los sei, sondern auch alles hinter der Bühne.

Auch eine Schriftstellerin erzählte mir, ihr Großvater wäre für sie ein Philosoph gewesen. »Er war der Einzige, der meine Themen aufgegriffen hat. Wir konnten gut philosophieren, über den Sinn des Lebens und welche Lebensaufgaben man erfüllen sollte.

Der hat eine klare Haltung gehabt mit bestimmten Werten und hat mir dann geraten … mach mal so oder so … Er hat immer gewürdigt, was ich gemacht habe und hat gesagt, dass er stolz auf mich ist, weil ich alles aus eigener Kraft geschafft hätte. Und er sagte, es gäbe dunkle Zeiten im Leben, da müsse man durch.«

Schatz 5: Am Ende des Lebens

Doch nicht nur die Fähigkeit zur Lebensfreude, zur ruhigeren Lebensgestaltung können sich Enkelkinder abschauen. Oft sind die Großeltern auch Vorbilder dafür, dass man selbst Krankheiten überwinden und tapfer dem Tod entgegensehen kann. Das jedenfalls imponierte Carl Zuckmayer sehr, der über seine Großmutter schrieb, sie sei die schönste alte Frau gewesen, die er je gesehen habe. Noch im Greisentum und nach einem qualvollen Krebsleiden habe sie sich immer bemüht, sich den Jungen gegenüber nichts davon anmerken zu lassen. »Darin lag auch ein liebenswerter Zug von weiblicher Eitelkeit. War sie in der Jugend, wie man sagte, das ›schönste Mädchen von Mainz‹ gewesen, so wollte sie im Hinsterben für uns immer noch das Bild der schönen alten Frau bewahren. Nie durften wir bei einem Besuch zu ihr hereinkommen, bevor sie sich auf ihrem Schmerzenslager ›zurecht gemacht‹, gepflegt, gekämmt, das Zimmer gelüftet hatte. Dann lag sie, hoch aufgebettet, mit einem Spitzenjäckchen um die Schulter und stickte …« Sie starb im Herbst 1914 und Zuckmayer erinnert sich, dass das Bildnis dieser tapferen alten Frau ihn wie eine unhörbare und nie verlierbare Musik durch die Schreckensjahre des Krieges begleitet habe.

Wolfgang Krüger: *Die Geheimnisse der Großeltern.* BoD 2015. S. 58–64. – Mit freundlicher Genehmigung von Wolfgang Krüger, Berlin.

JEREMIAS GOTTHELF

Der Bauernspiegel oder Lebensgeschichte des Jeremias Gotthelf von ihm selbst beschrieben

Jeremias Gotthelf (1797–1854) ist das Pseudonym des Schriftstellers und Pfarrers Albert Bitzius. Schon sein Vater war reformierter Pfarrer, und Albert entstammte dessen dritter Ehe. In Gotthelfs Roman *Der Bauernspiegel* (1837) wird trotz des Zusatzes *Lebensgeschichte des Jeremias Gotthelf* aber nicht sein eigenes Leben beschrieben, sondern es ist eine von ihm frei erfundene Geschichte, die im derben, bäuerlichen Milieu spielt. Möglicherweise spiegelt er aber seine eigene Kindheit versteckt in dem Jungen, der sich von seinen Großeltern deutlich gegenüber seinen Cousins und Cousinen bevorzugt weiß. Er fühlt sich als »gesegnetes Kind« in einem großen Haushalt.

Meine Kindheit

Ich bin geboren in der Gemeinde Unverstand, in einem Jahre, welches man nicht zählte nach Christus. Mein Vater war der älteste Sohn eines Bauern, der einen ziemlich großen Hof besaß und noch vier Söhne und drei Töchter hatte. Großvater und Großmutter waren von altem Schrot und Korn; beide viereckicht und rüstig früh und spät. Er war Meister in Feld und Stall. Das Erstere bebaute er mit großem Fleiße, aber nach alter Mode, nahm lieber ein Klafter Naturgras, dessen Same ihn nichts kostete, als drei Klafter Pflanzengras, zu dem er den Samen hätte kaufen müssen. Aus dem Stalle zog er die Zinsen der schuldigen Kapitale. Er mästete alle Jahre etwas; aber dazu brauchte er lieber das Korn aus dem Speicher, als dass er mehr Erdäpfel gepflanzt hätte als sein Vater. Im Hause schaltete und rumorte die Großmutter, und alles musste sich da vor ihr ducken, auch der Großvater. Sie kochte alles selbst, für die Menschen und die Schweine, besorgte den Garten und die Plätze so viel möglich allein und spann dabei Kuder[1] fast zu Tode. Das Geld hatten sie im Genterli[2] und die Großmutter immer so viel Recht dazu als der Großvater. Ich erinnere mich noch gar wohl, dass, als einmal der Großvater sehr munter von einem Märit[3] heimkam, ich die Großmutter in der Nacht aufstehen, dem Großvater die Hosen erlesen und das Geld zählen sah und sie brummen hörte: »Dä het afa ghudlet; es hätt es styfs Säuli gäh, was er versoffe het; dem will ig morn ds Kapitel lese.«[4] Richtig waren sie am Morgen über eine Stunde lang im Stübli. Niemand wusste, was sie verhandelt hatten; aber der Großvater kam nie mehr so lustig heim. Beide konnten Gedrucktes lesen und besonders der Großvater las oft laut aus dem »Schatzkästlein« und dem »Wahren Christentum«; schreiben und Geschriebenes lesen konnten sie nicht, auch nicht rechnen; doch machte der Großvater wackere Bauernfünfe[5], und kein Anken-[6], kein Garnhändler, obgleich die Letztern besonders durchtriebene Schalke sind, konnte die Großmutter um einen Vierer beluchsen. Daher hielten beide auf dem Lernen eben nicht viel; wenn eins ihrer Kinder nur notdürftig lesen und beten konnte, so glaubten sie es überflüssig geschickt. Nur der jüngste Sohn, der nicht gern arbeitete und doch der Augapfel war, konnte ein wenig schreiben und rechnen. Mein Vater schien von allen das vernachlässigtste Kind zu sein. Er konnte dem Großvater am frühesten in der Arbeit helfen und wurde nun fast von der ersten Jugend weg als Knecht gebraucht, wie ich ihn oft klagen hörte. Füttern, handeln, Pflug halten und säen tat der Großvater selbst; aber bei jeder wüsten und schweren Arbeit musste mein Vater an der Spitze sein, und was die andern Brüder nicht tun mochten, das kam an ihn, und wenn etwas misslang oder krumm gemacht wurde, so ging es über ihn aus. Als Beispiel erzählte er manchmal, wenn Steuerholz zu fällen gewesen sei, bei schlechtem Wetter oder an wüsten Orten, so hätte er der Erste und Letzte dabei sein müssen; an die Fuhrungen[7] seien dann seine Brüder gefahren. Ich erinnere mich noch wohl, dass sie gewöhnlich bei ihrer Heimkunft nicht stehen konnten und lebendige Feuerspritzen vorstellten. Darüber schmälte[8] der Großvater niemals; es ging nicht aus seinem Gelde, und er hielt es für Gewohnheit und Recht, dass bei solchen Gelegenheiten jeder so viel zu sich nehme, als er vermöge; ja, ich glaube, er hätte sie ausgelacht oder gar abgeputzt, wenn sie anders heimgekommen wären.

Man kann sich bei solcher Erziehung und solchen Verhältnissen meinen Vater gar gut vorstellen. Er war ein guter Arbeiter, dem aber befohlen werden musste; er war roh, aber nicht ohne Gefühl; er sprach nicht viel; nur im Zorn, der aber selten ausbrach, konnte er nicht schweigen, sondern tobte fürchterlich. Ich glaube, er habe seine Hintansetzung gefühlt, sich aber damit getröstet, dass der Großvater für seine viele Arbeit ihm später ein Einsehen tun werde. Übrigens war er nicht gewohnt viel zu denken, auch nicht an die Zukunft; er ließ die Dinge gehen, wie sie mochten, und nahm sie, wie sie kamen. So kam er auch zu einer Frau, sicher wie viele andere, ohne recht zu wissen wie, und ganz bestimmt ohne eigentlich eine Frau zu wollen. Meinen Großeltern soll die Heirat gar nicht recht gewesen sein; nicht dass sie den Vater nicht gern heiraten gesehen hätten; zu essen hatten sie vollauf, aber nie genug Hände zur Arbeit; nur die Person war ihnen nicht recht. Meine Mutter war eine Krämerstochter; sie soll hübsch, aber auch gefallsüchtig gewesen sein, in der Haushaltung und auf dem Felde nichts getan, sondern dem Laden abgewartet und auf der grünen Bank vor demselben getan haben, als ob sie nähe oder lisme⁹, was sie beides bös genug konnte. Niemand konnte begreifen, wie mein Vater und sie zusammenkamen; aber Wein und Tanz, Nacht und Lust wirken unbegreifliche Dinge. Meinen Großeltern hatte sie viel zu glatt gestrählte Haare, und tat viel zu zimpfer¹⁰ nach Art einiger Krämerstöchter, unter denen es aber auch ganz charmante Kinder gibt. Sie wollten sie nicht ins Haus; ein unehelich Großkind wollten sie aber auch nicht. Darum drangen sie auf die Heirat, zu welcher eigentlich weder Vater noch Mutter von Herzensgrund Lust hatten, wie sie sich oft genug vorhielten, wenn die Not sie gegenseitig offenherzig machte.

[…] wundern wird man sich nicht, dass meine Mutter bei ihrer Gemütsbeschaffenheit in der Kindbette ernstlich krank wurde, so dass sie nicht im Stande war, mich zu säugen und mich zu besorgen.

Die Großmutter hätte es nie zugelassen, eine Hebamme zu rufen; sie glaubte noch einmal so geschickt als eine solche zu sein. Sie stund auch meiner Mutter in der schweren Stunde getreulich bei, und förderte mich glücklich ans Licht der Welt, welches ich mit ungewöhnlichem Klagegeschrei erblickt haben soll. Sie nahm mich, als sie die Schwäche meiner Mutter sah, sofort zu sich, machte dem Korbe, worin ich lag, Platz auf dem Ofentritt in ihrem Stübli und betrachtete mich nicht nur als ihr Kind, sondern erwies mir auch mehr Zärtlichkeit, als früher ihren acht

Kindern zusammengenommen. Während der ersten Tage meines Lebens glaubte man, ich würde sterben. Die gute Großmutter wird mich wahrscheinlich schon von Anfang an mit lauter Nidle" getränkt und diese mein Magen nicht vertragen haben. Solange ich im großelterlichen Hause war, hatte ich immer mein besonderes Näpfchen bei Tische, worein Großmutter aus den großen Kacheln, welche für die übrigen hingestellt waren, das bessere obenab geblasen hatte.

Meine Kränklichkeit erregte große Angst, ich möchte vor der Taufe sterben; dann wären die Eltern schuld, wenn mir durch diese Versäumnis die Seligkeit fehlen würde. Im ganzen Hause hingen alle fest an dem Vorurteil, ohne Taufe könne man nicht selig werden; dabei glaubten sie doch an einen gütigen Gott, an einen Vater im Himmel. Aber in unserm Hause war es halt auch so wie in hundert andern; man glaubte gar vieles, aber zweierlei tat man nicht. Man untersuchte erstlich nicht, woher man das hätte, was man glaubte; ob es in der Bibel seinen Grund hätte, oder ob es käme, ohne dass man wusste woher, wie die Schaben ins wollene Zeug. Daher kam es, dass man die Leidensgeschichte Jesu und seine Auferstehung gleich fest glaubte wie irgendeine erlogene Teufelserscheinung oder eine Hexengeschichte, und auch gleich als ungläubig den verdammte, der an der evangelischen Wahrheit, und den, der an den dummen Mährlein zweifelte. Zweitens stellte man dasjenige, was man von allen vier Winden her glaubte, nie zusammen, untersuchte nie, ob es auch zusammenpasse. So glaubte man an Gottes Allmacht und doch, dass ein altes Weib das Vieh verhexen und Kapuziner sogar Menschen töten könnten mit bloßem Worte, gerade wie Gott die Welt, Adam und Eva erschaffen. Der Großvater konnte gar trostlich beim Schlafengehen das »Unser Vater« und »Vater vergib mir meine Schulden, wie ich meinen Schuldnern auch vergebe«, beten, und handkehrum zu der Großmutter sagen: »Ig hoffe doch, dass Niggis Joggi einist e fürige[12] Ma werdi, wenn e g'rechte Gott im Himmel isch; dä Donners Schelm het mer hüt wieder e ganzi Fure-n-abg'fahre, u der Marchstei[13] lyt ganz blutt[14] und krumm.«

Dass ich getauft werde alsbald, darüber war man also einig, auch darüber, dass Großvater und Vater Göttene[15], Großmutter Gotte[16] sein sollten; dem Vater war das Tschämele[17] zuwider; er war nie ein großer Redner und bei solcher Gelegenheit vollends nicht, und die frühern Male soll er immer in seiner Herzensangst seinen Hut ganz zerdrückt und verdreht haben; auch konnte man so die Kindbette ersparen, und das zürnte niemand, als vielleicht meine Mutter, welche im Herzen schon lange auf die Züpfen[18] der Gevattersleute gerechnet hatte. Über meinen Namen aber entstund gewaltiger Streit. Meine Mutter hätte gern einen hoffärtigen gehabt und Fritz gefiel ihr gar wohl, vielleicht dass ein alter Schatz so geheißen. Meine Großeltern wollten von diesem nichts hören, der sei ihnen zu herrschelig; sie bestanden auf Christi, das sei ein Name, der im Leben und im Sterben etwas zu bedeuten habe. Allen zum Erstaunen hatte hier mein Vater eine eigne Meinung; er verwarf die beiden vorgeschlagenen Namen und beharrte auf Jeremias. Gründe für eine Sache konnte mein Vater nie angeben, also auch hier nicht; umso hartnäckiger blieb er bei seiner Meinung. Das habe ich in meinem Leben immer gesehen, dass Leute von der Bildung oder vielmehr Unbildung meines Vaters umso eigensinniger bei ihrem Willen beharren, je weniger sie dafür zu sagen wissen. Entweder hatten ihn meine Klagelieder, die ich bei meinem Eintritte in die Welt sang oder brüllte, oder eine unerklärliche Ahnung meiner traurigen Schicksale zu diesem Namen bestimmt. Zuerst gab ihm meine Mutter nach, weil Jeremias doch vornehmer klang als Christi und nicht jeder Bettelbub so hieß; dann auch die Großeltern, weil Jeremias ein biblischer Prophetenname sei und sie keinen Jeremias kannten, der bei Spiel und Tanz der Erste war, wie es wohl irgendein Fritz sein mochte, den sie kannten.

Es soll furchtbar gewittert, die Großmutter die Schuhe mehr als einmal verloren und ihren Hochzeitskittel übel zugerichtet haben, als man mich zur Taufe trug. Doch schlug es mir nicht übel, sondern gut zu, wogegen sicher manches Kind an dem zu frühen unvernünftigen Taufgang sterben mag. Wahrscheinlich hatten die raschen Bewegungen der Großmutter, die mich absolut tragen wollte und doch immer mit ihren Schuhen zu tun hatte, meinem Magen die Nidle verdauen helfen, oder er war derselben mehr gewohnt geworden; kurz, ich wurde gesund. Dass aber dieses Gesundwerden nicht natürlichen Ursachen, sondern der wunderbaren Kraft der Taufe zugeschrieben, die Vorurteile vermehrt und verstärkt wurden, kann man sich leicht denken. Die Taufe eines Enkels, welcher der Großvater zum ersten Male beiwohnte, stimmte ihn weich, und gutmütiger als vernünftig kramte er der Mutter allerlei. Dieses schmeckte ihr natürlich besser als das Doktorzeug und beförderte ihre Genesung nicht. Es ist merkwürdig, dass die Menschen nie am rechten Ort und in der rechten Zeit entweder vernünftig oder gutmütig sein können; bald sind sie zu verständig, bald zu gutmütig, noch mehr aber weder das eine noch das andere.

Ich war also ein sehr wertes Kind, und wurde natürlich ein sehr fettes; denn darin zeigt sich bei gar vielen Leuten, die nicht gelernt, wann sie gutmütig, wann sie vernünftig sein sollen, die Liebe, dass sie den Kindern so viele und so gute Speisen einschoppen, als zum Mund hinein mag; an die Folgen denken sie nicht. Es war früher der Großmutter Stolz gewesen, im Sommer ihre Pflanz- und Flachsplätze, im Winter ihre Schweine und ihren Kuder an der Stange zeigen zu können und rühmen zu hören; jetzt musste ich gezeigt und gerühmt sein, Sommer und

Winter. Wer etwas von ihr wollte, der musste mir nur recht flattieren[19], dann konnte er der Gewährung seiner Bitte sicher sein.
Sie ferggete[20] mich überall mit sich herum, in der Küche, in dem
Garten, und wenn sie spann, so trieb der eine Fuß das Rad, der
andere die Wiege. Der Großvater hatte mich fast ebenso lieb, obgleich ihm anfangs das Geschrei des Nachts zuwider gewesen
war. Als ich mich nach und nach entwickelte und das innere Leben durch Zeichen und Töne kundgeben konnte, da soll der
Großvater nie vom Felde oder einem Gange heimgekommen
sein, ohne zuerst nach mir zu sehen. Großmutter behauptete
steif und fest, es gebe nicht nur kein so schweres, sondern auch
kein so witziges und frommes Kind, als ihren Miaßli; ich könne
schon beten, behauptete sie, als ich kaum ein halb Jahr alt war,
weil ich zuweilen zufällig die Händchen zusammenlegte. Man
sollte diesem nach glauben, ich sei den andern Hausgenossen
umso unwerter geworden, je werter mich die Großeltern hielten; denn man sieht sonst meist, dass, wenn Menschen oder Tiere von den einen mit besonderer Liebe behandelt werden, die
andern sie hassen und insgeheim verfolgen. Es ist auch natürlich,
indem die meisten Menschen nur ein bestimmtes Maß von Liebe haben. Erhalten die einen zu viel davon, so zieht es den andern zu wenig. Auch müssen gar oft unter der Meisterlosigkeit
eines Hausgenossen, eines Kindes oder einer Katze, alle leiden
und Verdruss ausstehen; das macht nicht gutes Blut, und die
Meisterlosen müssen es entgelten, wenn sie sich schon dessen
nicht vermögen; denn an ihrer Meisterlosigkeit sind andere
schuld, überhaupt sind die Menschen zum Neid geneigt, und
wenn einer geliebt wird, so hassen ihn viele schon deswegen,
auch wenn er ihnen nie in den Weg gekommen. Schlug ja doch
Kain den Abel aus Neid tot, obgleich Abel nichts dafür konnte,
dass des Kains Opfer Gott nicht angenehm war. So ging es mir
aber nicht. Ich war nicht nur allen lieb, sondern zum Teil Ursa-

che, dass sich die einen auch mehr liebten, und oft den andern ein Ableiter großelterlicher Scheltungen. Ich war gar ein freundliches Kind, auch neugierig, fragte viel, und hieß daher gar kurzweilig. Meines Vaters Brüder waren sonst die unfreundlichsten Menschen, und gaben um einen Kreuzer, so nötig sie ihn hatten, kein gutes Wort; mir aber konnten sie nicht widerstehen. Es kam ihnen nicht in den Sinn, den Großeltern zulieb mir zu flattieren; dazu waren sie zu holzböckisch. Sie waren überhaupt nicht gewohnt, jemand Liebe zu zeigen oder etwas zulieb zu tun. Man war in unserm Hause nicht gewohnt zu zanken; aber gute Worte gab man sich eben auch nicht. Die Großeltern hatten ein raues Äußeres, liebten zwar ihre Kinder, aber hatten weder Zeit noch Geschick, es ihnen zu zeigen.

So waren die Kinder sauertöpfig geworden, und wenn man aus sauern Gesichtern Essig ziehen könnte, so hätten wir nie zu kaufen gebraucht. Mir aber lachten sie von weitem entgegen; jeder wollte mich haben, und welchen ich beim Bein nahm, der hob mich auf den Arm und trug mich in den Stall zu den Pferden und Kühen. Die Großmutter wunderte sich oft darüber, dass sie mit mir so freundlich seien; sie wusste nicht, dass eigentlich jeder Mensch Liebe in der Brust hat, auch wenn sie hart wie Felsen scheint; dass in der Tat viele Menschen die Liebe nicht zeigen können, gewöhnlich weil sie in der Jugend zurückgedrängt worden. Niemand aber kann Liebe nach außen ziehen und sie hervorlocken, wie ein unschuldig Kind. [...]

So wie ich heranwuchs, änderte sich das Verhältnis meiner Geschwister zu Hause. Kinder werden immer zu Kindern hingezogen; denn in ihnen liegt ja auch der Trieb, sich mitzuteilen, sich anzuschließen; so hing ich mit Leib und Seele an meinem Bruder und meinen Schwestern. Je seltener ich anfänglich zu ihnen kommen konnte, desto stärker wurde diese Liebe, desto glücklicher war ich, wenn ich einmal eine Stunde mit ihnen g'vätterlen²¹ konnte. Meine Geschwister kamen nämlich, außer um zu essen, selten ins großväterliche Haus; man duldete sie ungern und sie kamen ungern, weil sie entweder auf Schläge oder auf Tadel zählen konnten. Sowie ich eines ansichtig wurde, ruhete ich nicht, bis es bei mir war, und solange es bei mir war, durfte ihm niemand etwas tun. Was ich hatte, jeden Leckerbissen, teilte ich mit ihnen. Die Großmutter machte in ihrer Schwäche gegen mich den Großvater manchmal lachen, und doch war er nicht stärker. Im Speicher waren die Vorräte von dürrem Zeug: Äpfel, Birnen, Kirschen und Zwetschgen lagen da ganze Kasten voll; in den Speicher zu kommen war meine Seligkeit; denn allemal trug ich alle Säcke voll hinaus. Nun war es recht lächerlich, wie die Großmutter, wenn sie in den Speicher gehen wollte, nicht ruhte, bis ich es bemerkte, oder, wenn ich nicht in der Stube war, mit dem Speicherschlüssel im ganzen Hause herumlief, bis sie mich ansichtig wurde und ich den Speicherschlüssel sah. Natürlich hängte ich mich alsobald an ihre Schürze und wollte mit. Sie aber stellte sich dann immer, als wollte sie mich durchaus nicht mitlassen, schalt mich aus, dass ich alles sehen müsse, was ich nicht solle; drohte, sie wolle mich dem Großvater verklagen, der gewöhnlich aus irgendeinem Stalle dem Spiel lachend zusah. Nach und nach erlaubte sie mir mitzugehen, aber versicherte bestimmt, sie werde mir durchaus nichts geben, und das Ende vom Lied war immer, dass ich mit gefüllten Säcken unter vielem Balgen der Großmutter herauskam, die aber doch, wenn ich einen Sack zu füllen vergessen hätte, mich selbst darauf aufmerksam gemacht hätte. Mit den eroberten Schätzen eilte ich zu meinen Geschwistern, teilte redlich mit ihnen und machte dadurch auch sie, die nie zu dergleichen Herrlichkeiten gekommen waren, glücklich. Daher liebten sie mich und trugen alle mögliche Sorgfalt für mich, und wenn sie in Feld oder Wald etwas fanden, von dem sie glaubten, es freue mich, so brachten sie es mir. So wurden meine Geschwister dem ganzen Hause befreundeter, den Großeltern lieber, und als Folge davon zeigten sie sich gefälliger, betrugen sich besser und wurden ihres Lebens ordentlich froh, weil sie allenthalben sein durften, ohne verschüpft²² und mit Schlägen bedroht zu werden. Selbst meine Mutter hatte die Liebe der andern zu mir zu genießen, wurde als meine Mutter mehr als Sohnsfrau gehalten und darauf gesehen, dass ihr das Nötige nicht fehle. Ich glaube zwar, sie habe mich beneidet, obgleich sie mich an sich zu locken suchte, wahrscheinlich um mich auszufragen, was im Hause getrieben, was, besonders über sie, geredet werde. Ich hatte sie auch lieb, doch war ich nicht gern bei ihr in ihrer Stube; es war mir zu enge dort und unwohl. Die Mutter war, was hoffärtigen Mädchen gerne geschieht, eine Hotsch²³ geworden; das Stübchen lüftete sie nicht, räumte nicht auf; sie selbst war entweder unvernünftig geputzt oder eine Schlampe, das Erstere immer seltener, das Letztere alle Tage.

Man kann sich denken, wie glücklich mir auf diese Weise die ersten Tage meines Lebens verflossen! Ich war der Mittelpunkt einer großen Haushaltung und nicht nur ein gesegnetes Kind, sondern auch der Segen anderer; denn von mir aus kam die Liebe in die verschiedenen Glieder und ein heiteres Lebenslos schien mir bestimmt; aber der Vater im Himmel hatte es anders beschlossen.

---

1 gebrochener Hanf
2 Vorratskammer
3 Markt
4 Der hat aber gepfuscht, das hätte ein ordentliches Schweinchen gegeben, was er versoffen hat, dem werde ich morgen die Leviten lesen.
5 römische V
6 Butter
7 gemeinsames Holzeinfahren
8 schelten
9 stricken
10 zimperlich
11 Sahne
12 übrig
13 Grenzstein
14 bloß
15 Taufpate
16 Taufpatin
17 auf Patensuche gehen
18 geflochtenes Gebäck
19 schmeicheln
20 schleppen
21 sich um jemanden kümmern
22 versteckt
23 Schlampe

Jeremias Gotthelf: *Der Bauernspiegel oder Lebensgeschichte des Jeremias Gotthelf.* Naunhof/Leipzig 1938. S. 13–26.

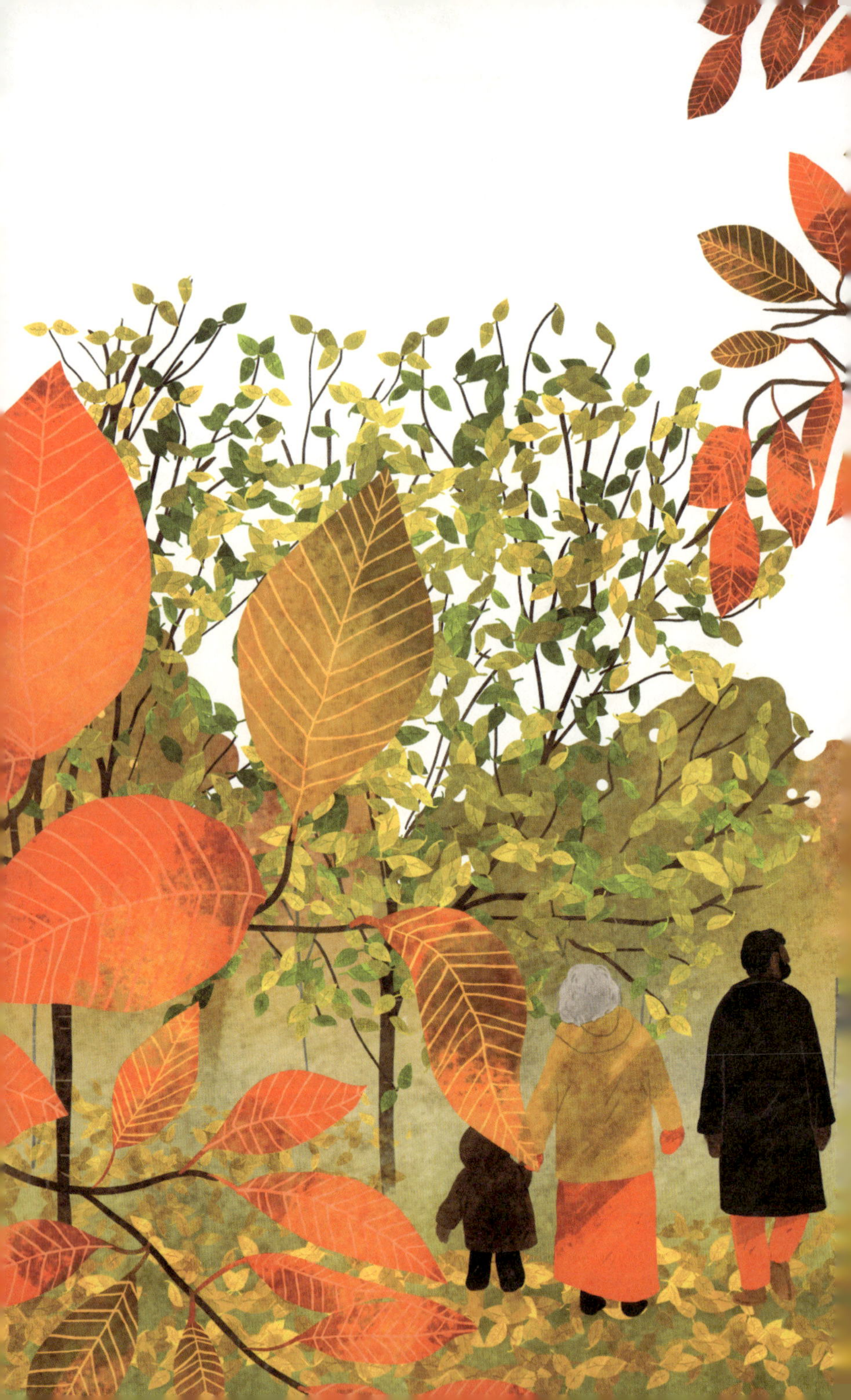

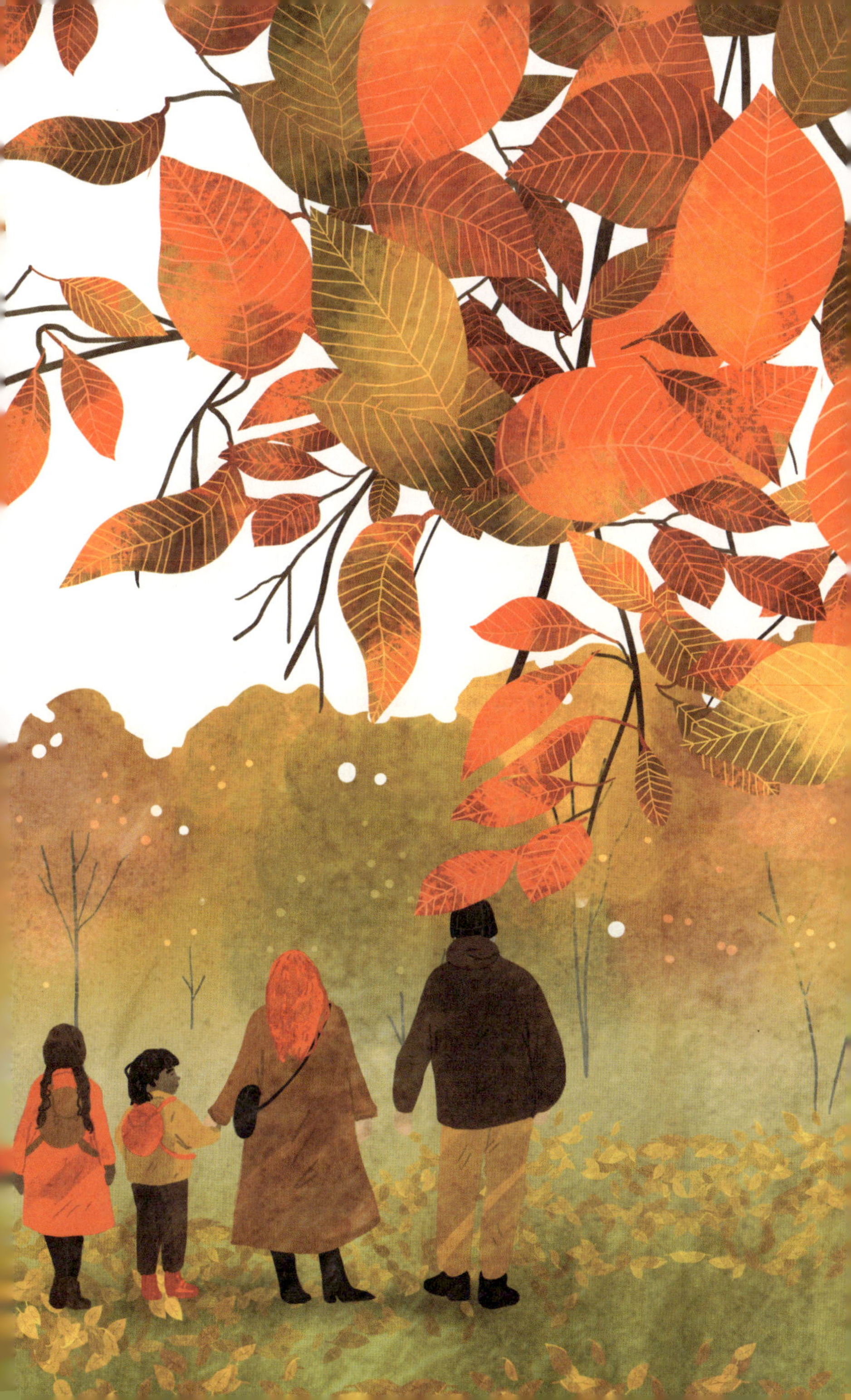

Im Saal

In Storms Skizze *Im Saal*, erschienen 1851 in dem Band *Sommergeschichten und Lieder,* wird eine Großmutter geschildert, die deutlich Storms eigener Großmutter mütterlicherseits ähnelt. Sie hieß Magdalena Woldsen, geborene Feddersen, und Theodor Storm (1817–1888) soll ein besonders liebevolles Verhältnis zu ihr gehabt haben. Sie erzählt den Enkelkindern von ihrer Jugend, der Hochzeitsfeier mit dem Großvater und beschreibt voller Nostalgie eine Vergangenheit, in der die Menschen noch höflich miteinander umgingen. Ihre Erinnerungen leben von der Fähigkeit der Älteren, die Wirklichkeit ihrer Härte und Schwere zu entkleiden – wie sie denkt vielleicht jede Generation gerne, die Sitten seien früher besser gewesen. Mit den »Leberreimen«, von denen die Großmutter spricht, spielt sie übrigens auf einen vergessenen Brauch an: Wer die Leber des Hechtes bekam, musste ein Stegreifgedicht vortragen.

Am Nachmittag war Kindtaufe gewesen; nun war es gegen Abend. Die Eltern des Täuflings saßen mit den Gästen im geräumigen Saal, unter ihnen die Großmutter des Mannes; die andern waren ebenfalls nahe Verwandte, junge und alte, die Großmutter aber war ein ganzes Geschlecht älter als die ältesten von diesen. Das Kind war nach ihr »Barbara« getauft worden; doch hatte es auch noch einen schöneren Namen erhalten, denn Barbara allein klang doch gar zu altfränkisch für das hübsche kleine Kind. Dennoch sollte es mit diesem Namen gerufen werden; so wollten es beide Eltern, wie viel auch die Freunde dagegen einzuwenden hatten. Die alte Großmutter aber erfuhr nichts davon, dass die Brauchbarkeit ihres langbewährten Namens in Zweifel gezogen war.

Der Prediger hatte nicht lange nach Verrichtung seines Amtes den Familienkreis sich selbst überlassen; nun wurden alte, liebe, oft erzählte Geschichten hervorgeholt und nicht zum letzten Male wiedererzählt. Sie kannten sich alle; die Alten hatten die Jungen aufwachsen, die Ältesten die Alten grau werden sehen; von allen wurden die anmutigsten und spaßhaftesten Kindergeschichten erzählt; wo kein anderer sie wusste, da erzählte die Großmutter. Von ihr allein konnte niemand erzählen; ihre Kinderjahre lagen hinter der Geburt aller andern; die außer ihr selbst etwas davon wissen konnten, hätten weit über jedes Menschenalter hinaus sein müssen. – Unter solchen Gesprächen war es abendlich geworden. Der Saal lag gegen Westen, ein roter Schimmer fiel durch die Fenster noch auf die Gipsrosen an den weißen, mit Stuckaturarbeit gezierten Wänden; dann verschwand auch der. Aus der Ferne konnte man ein dumpfes eintöniges Rauschen in der jetzt eingetretenen Stille vernehmen. Einige der Gäste horchten auf.

»Das ist das Meer«, sagte die junge Frau.

»Ja«, sagte die Großmutter, »ich habe es oft gehört; es ist schon lange so gewesen.«

Dann sprach wieder niemand; draußen vor den Fenstern in dem schmalen Steinhof stand eine große Linde, und man hörte, wie die Sperlinge unter den Blättern zur Ruhe gingen. Der Hauswirt hatte die Hand seiner Frau gefasst, die still an seiner

Seite saß, und heftete die Augen an die krause altertümliche Gipsdecke.

»Was hast du?«, fragte ihn die Großmutter.

»Die Decke ist gerissen«, sagte er, »die Simse sind auch gesunken. Der Saal wird alt, Großmutter, wir müssen ihn umbauen.«

»Der Saal ist noch nicht so alt«, erwiderte sie, »ich weiß noch wohl, als er gebaut wurde.«

»Gebaut? Was war denn früher hier?«

»Früher?«, wiederholte die Großmutter; dann verstummte sie eine Weile und saß da wie ein lebloses Bild; ihre Augen sahen rückwärts in eine vergangene Zeit, ihre Gedanken waren bei den Schatten der Dinge, deren Wesen lange dahin war. Dann sagte sie: »Es ist achtzig Jahre her; dein Großvater und ich, wir haben es uns oft nachher erzählt – die Saaltür führte dazumal nicht in einen Hausraum, sondern aus dem Hause hinaus in einen kleinen Ziergarten; es ist aber nicht mehr dieselbe Tür, die alte hatte Glasscheiben, und man sah dadurch gerade in den Garten hinunter, wenn man zur Haustür hereintrat. Der Garten lag drei Stufen tiefer, die Treppe war an beiden Seiten mit buntem chinesischen Geländer versehen. Zwischen zwei von niedrigem Buchs eingefassten Rabatten führte ein breiter, mit weißen Muscheln ausgestreuter Steig nach einer Lindenlaube, davor zwischen zweien Kirschbäumen hing eine Schaukel; zu beiden Seiten der Laube an der hohen Gartenmauer standen sorgfältig aufgebundene Aprikosenbäume. – Hier konnte man sommers in der Mittagsstunde deinen Urgroßvater regelmäßig auf und ab gehen sehen, die Aurikeln und holländischen Tulpen auf den Rabatten ausputzend oder mit Bast an weiße Stäbchen bindend. Er war ein strenger, akkurater Mann mit militärischer Haltung, und seine schwarzen Augbrauen gaben ihm bei den weiß gepuderten Haaren ein vornehmes Ansehen.

So war es einmal an einem Augustnachmittage, als dein Großvater die kleine Gartentreppe herabkam; aber dazumalen war er noch weit vom Großvater entfernt. – Ich sehe es noch vor meinen alten Augen, wie er mit schlankem Tritt auf deinen Urgroßvater zuging. Dann nahm er ein Schreiben aus einer sauber gestickten Brieftasche und überreichte es mit einer anmutigen Verbeugung. Er war ein feiner junger Mensch mit sanften freundlichen Augen, und der schwarze Haarbeutel stach angenehm bei den lebhaften Wangen und dem perlgrauen Tuchrocke ab. – Als dein Urgroßvater das Schreiben gelesen hatte, nickte er und schüttelte deinem Großvater die Hand. Er musste ihm schon gut sein; denn er tat selten dergleichen. Dann wurde er ins Haus gerufen, und dein Großvater ging in den Garten hinab.

In der Schaukel vor der Laube saß ein achtjähriges Mädchen; sie hatte ein Bilderbuch auf dem Schoß, worin sie eifrig las; die klaren goldnen Locken hingen ihr über das heiße Gesichtchen herab, der Sonnenschein lag brennend darauf.

›Wie heißt du?‹, fragte der junge Mann.

Sie schüttelte das Haar zurück und sagte: ›Barbara.‹

›Nimm dich in Acht, Barbara; deine Locken schmelzen ja in der Sonne.‹

Die Kleine fuhr mit der Hand über das heiße Haar, der junge Mann lächelte – und es war ein sehr sanftes Lächeln. – – ›Es hat nicht Not‹, sagte er; ›komm, wir wollen schaukeln.‹

Sie sprang heraus: ›Wart, ich muss erst mein Buch verwahren.‹ Dann brachte sie es in die Laube. Als sie wiederkam, wollte er sie hineinheben. ›Nein‹, sagte sie, ›ich kann ganz allein.‹ Dann stellte sie sich auf das Schaukelbrett und rief: ›Nur zu!‹ – Und nun zog dein Großvater, dass ihm der Haarbeutel bald rechts, bald links um die Schultern tanzte; die Schaukel mit dem kleinen Mädchen ging im Sonnenschein auf und nieder, die klaren Locken wehten ihr frei von den Schläfen. Und immer ging es ihr nicht hoch genug. Als aber die Schaukel rauschend in die Lindenzweige flog, fuhren die Vögel zu beiden Seiten aus den Spalieren, dass die überreifen Aprikosen auf die Erde herabrollten.

›Was war das?‹, sagte er und hielt die Schaukel an.

Sie lachte, wie er so fragen könne. ›Das war der Iritsch‹, sagte sie, ›er ist sonst gar nicht so bange.‹

Er hob sie aus der Schaukel, und sie gingen zu den Spalieren; da lagen die dunkelgelben Früchte zwischen dem Gesträuch. ›Dein Iritsch hat dich traktiert!‹, sagte er. Sie schüttelte mit dem Kopf und legte eine schöne Aprikose in seine Hand. ›Dich!‹, sagte sie leise.

Nun kam dein Urgroßvater wieder in den Garten zurück. ›Nehm' Er sich in Acht‹, sagte er lächelnd. ›Er wird sie sonst nicht wieder los.‹ Dann sprach er von Geschäftssachen, und beide gingen ins Haus.

Am Abend durfte die kleine Barbara mit zu Tisch sitzen; der junge freundliche Mann hatte für sie gebeten. – So ganz, wie sie es gewünscht hatte, kam es freilich nicht; denn der Gast saß oben an ihres Vaters Seite; sie aber war nur noch ein kleines Mädchen und musste ganz unten bei dem allerjüngsten Schreiber sitzen. Darum war sie auch so bald mit dem Essen fertig; dann stand sie auf und schlich sich an den Stuhl ihres Vaters. Der aber sprach mit dem jungen Mann so eifrig über Konto und Diskonto, dass dieser für die kleine Barbara gar keine Augen hatte. – Ja, ja, es ist achtzig Jahre her; aber die alte Großmutter denkt es noch wohl, wie die kleine Barbara damals recht sehr ungeduldig wurde und auf ihren guten Vater gar nicht zum Besten zu sprechen war. Die Uhr schlug zehn, und nun musste sie gute Nacht sagen. Als sie zu deinem Großvater kam, fragte er sie: ›Schaukeln wir morgen?‹ und die kleine Barbara wurde wieder ganz vergnügt. – ›Er ist ja ein alter Kindernarr, Er!‹, sagte der Urgroßvater; aber eigentlich war er selbst recht unvernünftig in sein kleines Mädchen verliebt.

Am andern Tage gegen Abend reiste dein Großvater fort.

Dann gingen acht Jahre hin. Die kleine Barbara stand oft zur Winterzeit an der Glastür und hauchte die gefrornen Scheiben an; dann sah sie durch das Guckloch in den beschneiten Garten hinab und dachte an den schönen Sommer, an die glänzenden Blätter und an den warmen Sonnenschein, an den Iritsch, der immer in den Spalieren nistete, und wie einmal die reifen Aprikosen zur Erde gerollt waren, und dann dachte sie an einen Sommertag und zuletzt immer nur an diesen einen Sommertag, wenn sie an den Sommer dachte. – So gingen die Jahre hin; die kleine Barbara war nun doppelt so alt und eigentlich gar nicht mehr die kleine Barbara; aber der eine Sommertag stand noch immer als ein heller Punkt in ihrer Erinnerung. – Dann war er endlich eines Tages wirklich wieder da.«

»Wer?«, fragte lächelnd der Enkel, »der Sommertag?«

»Ja«, sagte die Großmutter, »ja, dein Großvater. Es war ein rechter Sommertag.«

»Und dann?«, fragte er wieder.

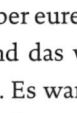

»Dann«, sagte die Großmutter, »gab es ein Brautpaar, und die kleine Barbara wurde deine Großmutter, wie sie hier unter euch sitzt und die alten Geschichten erzählt. – So weit war's aber noch nicht. Erst gab es eine Hochzeit, und dazu ließ dein Urgroßvater den Saal bauen. Mit dem Garten und den Blumen war's nun wohl vorbei; es hatte aber nicht Not, er bekam bald lebendige Blumen zur Unterhaltung in seinen Mittagsstunden. Als der Saal fertig war, wurde die Hochzeit gehalten. Es war eine lustige Hochzeit, und die Gäste sprachen noch lange nachher davon. – Ihr, die ihr hier sitzt und die ihr jetzt allenthalben dabei sein müsst, ihr waret freilich nicht dabei; aber eure Väter und Großväter, eure Mütter und Großmütter, und das waren auch Leute, die ein Wort mitzusprechen wussten. Es war damals freilich noch eine stille, bescheidene Zeit; wir wollten noch nicht alles besser wissen als die Majestäten und ihre Minister; und wer seine Nase in die Politik steckte, den hießen wir einen Kannegießer, und war's ein Schuster, so ließ man die Stiefeln bei seinem Nachbar machen. Die Dienstmädchen hießen noch alle Trine und Stine, und jeder trug den Rock nach seinem Stande. Jetzt tragt ihr sogar Schnurrbärte wie Junker und Kavaliere. Was wollt ihr denn? Wollt ihr alle mitregieren?«

»Ja, Großmutter«, sagte der Enkel.

»Und der Adel und die hohen Herrschaften, die doch dazu geboren sind, was soll aus denen werden?«

»Oh – – Adel – –«, sagte die junge Mutter und sah mit stolzen, liebevollen Augen zu ihrem Mann hinauf.

Der lächelte und sagte: »Streichen, Großmutter; oder wir werden alle Freiherrn, ganz Deutschland mit Mann und Maus. Sonst seh ich keinen Rat.«

Die Großmutter erwiderte nichts darauf; sie sagte nur: »Auf meiner Hochzeit wurde nichts von Staatsgeschichten geredet; die Unterhaltung ging ihren ebenen Tritt, und wir waren ebenso vergnügt dabei als ihr in euren neumodischen Gesellschaften. Bei Tische wurden spaßhafte Rätsel aufgegeben und Leberreime gemacht, beim Dessert wurde gesungen: ›Gesundheit, Herr Nachbar, das Gläschen ist leer!‹ und alle die andern hübschen Lieder, die nun vergessen sind; dein Großvater mit seiner hellen Tenorstimme war immer herauszuhören. – Die Menschen waren damals noch höflicher gegeneinander; das Disputieren und Schreien galt in einer feinen Gesellschaft für sehr unziemlich. – Nun, das ist alles anders geworden; – aber dein Großvater war ein sanfter, friedlicher Mann. Er ist schon lange nicht mehr auf dieser Welt; er ist mir weit vorausgegangen; es wird wohl Zeit, dass ich nachkomme.«

Die Großmutter schwieg einen Augenblick, und es sprach niemand. Nur ihre Hände fühlte sie ergriffen; sie wollten sie alle noch behalten. Ein friedliches Lächeln glitt über das alte liebe Gesicht;

dann sah sie auf ihren Enkel und sagte: »Hier im Saal stand auch seine Leiche; du warst damals erst sechs Jahre alt und standest am Sarg zu weinen. Dein Vater war ein strenger, rücksichtsloser Mann. ›Heule nicht, Junge‹, sagte er und hob dich auf den Arm. ›Sieh her, so sieht ein braver Mann aus, wenn er gestorben ist.‹ Dann wischte er sich heimlich selbst eine Träne vom Gesicht. Er hatte immer eine große Verehrung für deinen Großvater gehabt. Jetzt sind sie alle hinüber; – und heute hab ich hier im Saal meine Urenkelin aus der Taufe gehoben, und ihr habt ihr den Namen eurer alten Großmutter gegeben. Möge der liebe Gott sie ebenso glücklich und zufrieden zu meinen Tagen kommen lassen!«

Die junge Mutter fiel vor der Großmutter auf die Knie und küsste ihre feinen Hände.

Der Enkel sagte: »Großmutter, wir wollen den alten Saal ganz umreißen und wieder einen Ziergarten pflanzen; die kleine Barbara ist auch wieder da. Die Frauen sagen ja, sie ist dein Ebenbild; sie soll wieder in der Schaukel sitzen, und die Sonne soll wieder auf goldene Kinderlocken scheinen; vielleicht kommt dann auch eines Sommernachmittags der Großvater wieder die kleine chinesische Treppe herab, vielleicht – –«

Die Großmutter lächelte: »Du bist ein Phantast«, sagte sie; »dein Großvater war es auch.«

Theodor Storm. *Immensee und andere Novellen*. Stuttgart 2022. S. 53–60.

Großeltern an Elternstelle

FRANCES HODGSON BURNETT
DER KLEINE LORD

SYBIL GRÄFIN SCHÖNFELDT
WENN WIR UNS MITTEN IM LEBEN MEINEN

JOHANNA SPYRI
HEIDIS LEHR- UND WANDERJAHRE

Der kleine Lord

Die erstaunliche Schriftstellerin Frances Hodgson Burnett (1849–1924) wurde in England geboren und wanderte nach dem Tod ihres Vaters mit ihrer Familie in die USA aus. Dort begann sie als Journalistin zu arbeiten. Überwältigend großen Erfolg hatte sie mit ihren drei Kinderbüchern – allein *Der kleine Lord* (engl.: *Little Lord Fauntleroy*, 1886) hat weltweit unzählige Auflagen erlebt. Burnett erzählt darin vor allem auch eine Geschichte über Standesdünkel: Der kleine Cedric entstammt einer Verbindung, die für seinen Großvater Graf Dorincourt eine Mesalliance darstellt, aber bei seinem Versuch, das Kind der Mutter zu entfremden, um es standesgemäß zu erziehen, begegnet er der ungestümen Liebenswürdigkeit und Natürlichkeit eines Jungen, dem es gelingt, seinerseits den starrköpfigen alten Mann umzuerziehen.

Die Empfindungen Seiner Herrlichkeit des Grafen Dorincourt waren nicht leicht zu schildern. Ein gut Stück Welt und Menschen aller Art hatte er gesehen und war eben nicht leicht zu verblüffen; aber hier trat ihm etwas so Neues und Unerhörtes entgegen, dass es ihm fast den Atem benahm und die merkwürdigste Erregung in dem alten Edelmanne hervorrief. Er hatte sich nie mit Kindern beschäftigt; seine Passionen und Vergnügungen hatten ihm dazu nie Muße gelassen, und seine eignen Jungen waren ihm nie sehr interessant gewesen – höchstens erinnerte er sich dunkel, dass Cedrics Vater ein hübscher, kräftiger Knabe gewesen war. Im Allgemeinen war ihm ein Kind immer wie ein höchst lästiges kleines Tier vorgekommen, gefräßig, egoistisch und lärmend, wenn man es nicht in strenger Zucht hielt. Seine beiden Ältesten hatten ihren Erziehern und Lehrern stets Grund zu Klagen und Verdruss gegeben, und von dem Jüngsten glaubte er nur deswegen weniger Schlimmes gehört zu haben, weil derselbe als solcher für keinen Menschen von Bedeutung war. Dass er seinen Enkel liebgewinnen könnte, war ihm nie in den Sinn gekommen – er hatte ihn in sein Haus bringen lassen, weil er seinen Namen dereinst nicht durch einen unerzogenen Lümmel wollte lächerlich machen lassen und er überzeugt war, dass der Junge in Amerika nur ein Halbnarr oder ein clownartiges Geschöpf werden konnte. Er hatte an seinen Söhnen so viel Demütigungen erlebt und war über Kapitän Errols amerikanische Heirat so entrüstet, dass er etwas Erfreuliches bei seiner Nachkommenschaft nicht mehr vermutete, und als der Diener ihm Lord Fauntleroy gemeldet, hatte er sich fast gefürchtet, den Jungen anzusehen. Das war auch der Grund, weshalb er ihn hatte allein sehen wollen; seinem Stolz war der Gedanke eines Zeugen seiner Enttäuschung unerträglich. Aber selbst in den Stunden, wo er mit mehr Hoffnung in die Zukunft geblickt, hatte er sich nie träumen lassen, dass sein Enkel so aussehen könnte wie die entzückende Kindergestalt, die, das Händchen auf dem Kopfe seines etwas gefährlichen Lieblings, so zuversichtlich und vertrauensvoll vor ihn trat. Diese Überraschung brachte den harten alten Mann schier um seine Fassung.

Und dann begann ihre Unterhaltung, in deren Verlauf sein Erstaunen sich mehr und mehr steigerte. Erstens einmal war er seiner Lebtage gewöhnt, die Leute in seiner Gegenwart scheu und verlegen zu sehen, und hatte deshalb von seinem Enkel auch nichts andres erwartet; stattdessen sah der kleine Junge in ihm offenbar nichts als einen Freund, dessen Liebe ihm von Gott und Rechts wegen gehörte, und behandelte ihn als solchen. Wie der kleine Bursche so dasaß in dem großen Stuhle und mit seiner weichen Stimme herzlich und fröhlich plauderte, ward es ihm ganz klar, dass der Gedanke, der große, grimmig dreinschauende alte Mann könnte ihn nicht liebhaben oder sich nicht freuen, ihn bei sich zu sehen, nie in des Kindes Sinn gekommen war, und dass Cedric seinerseits ebenso kindlich und zuversichtlich bestrebt war, dem Großvater zu gefallen. Hart, grausam und hochfahrend, wie der alte Graf war, konnte er sich doch einer heimlichen Freude bei dieser neuen Empfindung nicht entschlagen und fand es, bei Lichte besehen, recht angenehm, einmal jemand zu begegnen, der ihm nicht misstraute, nicht vor ihm zurückschreckte und die schlimmen Seiten seiner Natur nicht ahnte, jemand, der ihn mit hellen Augen vertrauensvoll ansah – und wär's auch nur ein kleiner Junge in einem schwarzen Samtanzuge!

So lehnte sich der alte Mann behaglich in seinen Stuhl zurück und ermunterte seinen jungen Gefährten zum Plaudern, wobei es immer seltsam um seine Mundwinkel zuckte. Lord Fauntleroy entfaltete sein ganzes Konversationstalent und schwatzte unbefangen und vertraulich; die ganze Geschichte von Dick und Jack, die Verhältnisse der Apfelfrau aus altem Geschlecht und seine Freundschaft mit Mr Hobbs wurden dem Großvater anvertraut, woran sich dann eine begeisterte Schilderung des republikanischen Wahltriumphes in all seiner Pracht und Herrlichkeit samt Bannern, Transparenten, Fackeln und Raketen anschloss. […]

Weitere Vertiefung in die Politik ward durch die Meldung, dass aufgetragen sei, abgeschnitten. Cedric erhob sich sofort und ging zum Großvater hin, mit einem bedenklichen Blick auf dessen gichtisches Bein.

»Soll ich dir helfen?«, fragte er freundlich. »Du kannst dich auf mich stützen, weißt du. Einmal hat Mr Hobbs einen schlimmen Fuß gehabt, weil ihm ein Kartoffelsack daraufgefallen war, da hab ich ihn immer geführt.«

Der feierliche Diener hätte fast seine Stellung und seinen Ruf durch ein unziemliches Lächeln aufs Spiel gesetzt. Es war ein sehr vornehmer Diener, der immer nur in aristokratischen Diensten gestanden hatte und sich vollständig entwürdigt und entehrt gefühlt haben würde, wenn er sich etwas so Unverzeihliches gestattet hätte, wie ein Lächeln in Gegenwart der Herrschaft. Diesmal aber war die Gefahr groß gewesen, und er konnte sich nur dadurch retten, dass er über seines Herrn Schulter hinweg unverwandt auf ein besonders hässliches Bild hinstarrte.

Der Graf maß den ritterlichen kleinen Knirps von Enkel vom Kopf bis zu den Füßen.

»Meinst du, dass du das könntest?«, fragte er rau.

»Ich glaube ja«, erwiderte Cedric. »Ich bin sehr stark, weißt du, bin auch schon sieben. Du kannst dich auf einer Seite auf deinen Stock stützen und auf der andern auf mich. Dick sagt, dass ich gute Muskeln habe für einen Jungen von sieben.«

Er streckte den Arm stramm aus, damit der Graf die Kraft seiner von Dick belobten Muskeln sehe, und sah dabei so ernsthaft und wichtig drein, dass der Bediente wieder genötigt war, seine volle Aufmerksamkeit dem hässlichen Bilde zuzuwenden.

»Wohl und gut«, entschied der Graf, »du sollst's versuchen.«

Cedric reichte ihm seinen Stock und half ihm beim Aufstehen. Dies war in der Regel des Bedienten Amt, der dabei manch derben Fluch zu hören kriegte und oft und viel innerlich vor Empörung knirschte. Heute ging die Sache ohne Fluchen ab, obwohl die Gicht manch bösen Reißer tat, allein der Graf wollte nun einmal den Versuch machen. Langsam erhob er sich und legte die Hand auf die schmale Schulter, die ihm so mutig als Stütze geboten wurde. Vorsichtig tat Lord Fauntleroy einen Schritt vorwärts und sah dabei sorgfältig auf das kranke Bein.

»Stütze dich nur recht fest auf mich«, sagte er ermutigend. »Ich will ganz langsam gehen.«

Wenn der Graf seinen Diener zum Führer gehabt hätte, würde er sich allerdings weniger auf seinen Stock und mehr auf jenen gestützt haben, und doch hielt er es bei seinem Experiment auch für nötig, den Enkel sein Gewicht fühlen zu lassen, das in der Tat nicht leicht war. Nach wenig Schritten war denn auch das kleine Gesicht dunkelrot, und sein Herz fing an, heftig zu klopfen, allein er stemmte sich mächtig gegen des Großvaters Hand und erinnerte sich Dicks Ausspruch über seine Muskeln.

»Hab nur keine Angst und stütze dich fest auf«, keuchte er, »ich kann es ganz gut, wenn – wenn es nicht zu weit ist.«

Es war eigentlich kein langer Weg zum Speisezimmer, und doch kam es Cedric wie eine Ewigkeit vor, bis sie den Stuhl am oberen Ende der Tafel erreicht hatten. Die Hand auf seiner Schulter schien mit jedem Schritte wuchtiger zu lasten, sein Köpfchen ward immer heißer und sein Atem kürzer, allein er dachte nicht daran, seinen Dienst aufzugeben; er machte seine Muskeln ganz steif, hielt sich kerzengerade und sprach dem bedenklich hinkenden alten Herrn Trost zu.

»Tut dir der Fuß so sehr weh, wenn du darauf stehst?«, fragte er. »Hast du ihn nie in heißes Wasser mit Senfmehl gesteckt? Das hat Mr Hobbs gutgetan.«

Der große Hund schritt gravitätisch nebenher, und der Diener folgte. Mehr als einmal flog ein eigentümliches Lächeln über sein Gesicht, wenn er beobachtete, wie die kleine Gestalt all ihre Kraft zusammennahm und ihre Last so gutwillig trug, und auch des Grafen Blick streifte ein paarmal mit seltsamem Ausdrucke das erhitzte Kindergesicht.

Als sie das Speisezimmer betraten, bemerkte Cedric, dass

auch dies ein sehr großer, imposanter Raum war und dass der Diener, welcher hinter des Grafen Stuhl stand, die Eintretenden höchst erstaunt anstarrte. Endlich war der Stuhl erreicht; die Hand löste sich von seiner Schulter, und der Graf ward bequem installiert.

Cedric zog Dicks Taschentuch hervor und trocknete sich die Stirn.

»Es ist heiß heute Abend, nicht?«, fragte er. »Wahrscheinlich musst du ein Feuer haben wegen – wegen deinem Fuß, nur mir kommt's ein wenig heiß vor.«

Sein angeborener Takt bewahrte ihn davor, irgendetwas auch nur scheinbar zu tadeln.

»Du hast soeben ein hartes Stück Arbeit gehabt«, bemerkte der Graf.

»Oh nein! Das war gar nicht hart, nur heiß ist mir's geworden«, und damit behandelte er seine feuchten Locken energisch mit dem Taschentuche.

Lord Fauntleroys Platz am Tische war seinem Großvater gegenüber, ein breiter Armstuhl nahm auch hier die schmale Gestalt auf. Alles, was er bis jetzt gesehen hatte, die hohen weiten Räume, die kolossalen Möbel, die stattlichen hochgewachsenen Diener, der ungeheure Hund und der Großvater selbst, alles war dazu angetan, ihm die eigne Kleinheit vor Augen zu bringen. Dies beunruhigte Cedric jedoch keineswegs; für sehr groß oder sehr wichtig hatte er sich nie gehalten, und er war mit Freuden bereit, sich auch Verhältnissen anzupassen, die etwas Überwältigendes für ihn zu haben schienen. Freilich hatte er kaum je so winzig ausgesehen, als in dem weiten Lehnstuhle an der feierlichen Tafel.

Trotzdem er so einsam lebte, hielt der Graf seinen Haushalt auf großem Fuße, und das Diner war ein wichtiges Moment in seinem Leben und natürlich auch in dem des Koches, für den die Tage, an welchen Seine Herrlichkeit keinen Appetit hatte, schwere Prüfungen brachten. Heute jedoch schien der Appetit besser als sonst, und die Kritik über die »Entrees« und die Bereitung der Saucen war nicht so gründlich, weil er häufig über den Tisch hinüber nach seinem Enkel blicken musste. Er selbst sprach wenig, erhielt aber sein kleines Gegenüber gut im Zuge und fand es zu seinem eignen Erstaunen ganz unterhaltend, ihm zuzuhören. Dabei freute er sich im Stillen darüber, wie fest er sich auf den kleinen Kerl gestützt hatte, um dessen Mut und Ausdauer zu prüfen, und wie vortrefflich dieser die Probe bestanden.

»Du hast deine Grafenkrone nicht immer auf?«, fragte Lord Fauntleroy bescheiden.

»Nein«, erwiderte der Graf mit seinem merkwürdig grimmigen Lächeln, »sie steht mir nicht besonders.«

»Mr Hobbs hat zuerst gemeint, du werdest sie immer tragen, dann sagte er aber auch, du werdest sie hier und da ablegen, wenn du den Hut aufsetzest zum Beispiel.«

»Ja, ja«, sagte der Graf, »gelegentlich lege ich sie ab.«

Einer der Diener musste sich plötzlich abwenden, um hinter der vorgehaltenen Hand ein eigentümliches Husten hervorzustoßen.

Cedric hatte seine Mahlzeit zuerst beendet, lehnte sich in seinem Stuhle zurück und sah sich im Zimmer um.

»Du musst sehr stolz sein auf dein Haus«, bemerkte er, »es ist so schön, und der Park, der ist so herrlich.« Dann hielt er einen Augenblick inne und sah merkwürdig bedeutungsvoll zum Grafen hinüber. »Ist das Haus nicht sehr groß für nur zwei Menschen, die drin leben?«

»Groß genug jedenfalls«, versetzte der Graf. »Ist dir's zu groß?«

Seine kleine Herrlichkeit zögerte einen Augenblick.

»Ich dachte nur so, dass, wenn zwei Leute drin wohnten, die nicht gut zusammenpassen, dann könnte man sich recht einsam vorkommen.«

»Glaubst du, dass wir gut zusammenpassen werden?«

»Oh ja, gewiss. Mr Hobbs und ich, wir sind sehr gute Freunde gewesen. Er war der beste Freund, den ich hatte, außer Herzlieb.«

Der Graf zog die buschigen Augenbrauen ein wenig in die Höhe.

»Wer ist das, Herzlieb?«

»Meine Mama«, sagte Lord Fauntleroy mit seltsam leisem, ruhigem Tone.

Die Tafel war aufgehoben, und man begab sich wieder in die Bibliothek. Diesmal führte der Diener den Grafen auf der einen Seite, die andre Hand aber stützte derselbe wieder auf des Enkels Schulter, nur nicht so wuchtig wie zuvor. Nachdem der Diener sich zurückgezogen hatte, lagerte sich Cedric auf dem Teppiche vor dem Kamine neben Dougal, streichelte den Hund und blickte schweigend auf das Feuer.

Der Graf beobachtete ihn scharf. Es war ein Ausdruck von Sehnsucht und tiefem Nachsinnen in des Kindes Augen, und ein paarmal seufzte er leise.

»Fauntleroy«, begann der alte Herr schließlich, »woran denkst du?«

»An Herzlieb«, erwiderte er, »und – und es wird besser sein, wenn ich ein wenig aufstehe und im Zimmer herumgehe.«

Er erhob sich, steckte die Hände in die Taschen und fing an, auf und ab zu gehen. Seine Augen leuchteten verdächtig, und er hatte die Lippen aufeinandergepresst. Aber er hielt den Kopf hoch und trat sicher und fest auf. Langsam stand Dougal auch auf, sah eine Weile zu ihm hinüber, dann schritt er auf das Kind zu und folgte ihm. Cedric zog eine Hand aus der Tasche und legte sie dem Hunde auf den Kopf.

»Ein guter Hund, der«, sagte er. »Er ist schon ganz mein Freund und weiß, wie mir's zumute ist.«

»Wie ist dir's denn zumute?«, fragte der Graf.

Es war ihm unbehaglich, mit anzusehen, wie der kleine Mensch da zum ersten Mal mit seinem Heimweh kämpfte, und doch freute er sich, dass Cedric sich so tapfer hielt; der kindliche Mut gefiel ihm.

»Komm her«, sagte er.

Fauntleroy kam sofort.

»Ich bin noch nie von Hause weg gewesen«, sagte das Kind, die großen braunen Augen etwas mühsam aufreißend. »'s ist eine sonderbare Sache, wenn man auf einmal die ganze Nacht in jemandes Schloss bleiben soll, statt nach Hause zu gehen. Aber Herzlieb ist ja nicht so sehr weit weg, daran soll ich denken, hat sie gesagt, und – und ich bin ja schon sieben – und ich kann auch ihr Bild ansehen, sie hat mir's gegeben.«

Er fuhr mit der Hand in die Tasche und zog ein kleines Etui von dunkelblauem Samt hervor.

»Hier ist es. Sieh, wenn man daran drückt, so springt es auf, und drin ist sie!«

Er lehnte sich dabei so vertrauensvoll an des Grafen Arm, als ob dies von jeher sein Platz gewesen wäre.

»Das ist sie«, sagte er und sah lächelnd zu ihm auf.

Der Graf zog finster die Augenbrauen zusammen. Er wollte das Bild nicht sehen und warf trotzdem einen Blick darauf. Es erschreckte ihn förmlich, ein so junges, hübsches Gesicht vor sich zu haben, mit den nämlichen braunen Augen wie das Kind an seiner Seite.

»Vermutlich glaubst du, sie sehr lieb zu haben?«

»Ja«, erwiderte Cedric sanft und einfach, »das glaube ich, und das ist auch so. Weißt du, Mr Hobbs war mein Freund, und Dick auch und Mary, aber Herzlieb und ich, wir sind doch die allerallerbesten Freunde und sagen einander alles. Und ich muss auch für sie sorgen, weil mein Papa das nicht mehr tun kann – wenn ich groß bin, werd ich arbeiten und Geld verdienen.«

»Wie gedenkst du denn das anzufangen?«, erkundigte sich der Großvater.

Seine kleine Herrlichkeit setzte sich wieder auf den Kaminvorsetzer, hielt das Bild in der Hand und schien sich seine Antwort reiflich zu überlegen.

»Ich habe schon gedacht, ich könnte in Mr Hobbs' Geschäft eintreten«, sagte er, »aber lieber würde ich Präsident.«

»Da schicken wir dich besser ins Oberhaus«, sagte der Graf.

»Ja nun, falls ich nicht Präsident werden kann und das auch ein gutes Geschäft ist, will ich's wohl tun. Spezereigeschäfte sind nicht immer unterhaltend.«

Vielleicht dachte er noch weiter über den Gegenstand nach, denn er blieb ganz ruhig sitzen und sah ins Feuer. Der Graf sprach nichts mehr, lehnte sich in seinen Fauteuil zurück und beobachtete das Kind. Manch neuer, ihm fremder Gedanke mochte den alten Edelmann beschäftigen. Dougal hatte sich lang ausgestreckt, den mächtigen Kopf auf die breiten Tatzen gelegt und schlief – tiefes Schweigen herrschte.

Als eine halbe Stunde später Mr Havisham in das Zimmer geführt wurde, machte ihm der Graf halb unwillkürlich ein hastiges Zeichen, leise aufzutreten. Dougal schlief noch immer, und neben ihm, das lockige Köpfchen auf den kleinen Arm gelegt, schlummerte Lord Fauntleroy.

Frances Hodgson Burnett: *Der kleine Lord*. Stuttgart 2022. S. 67–76.

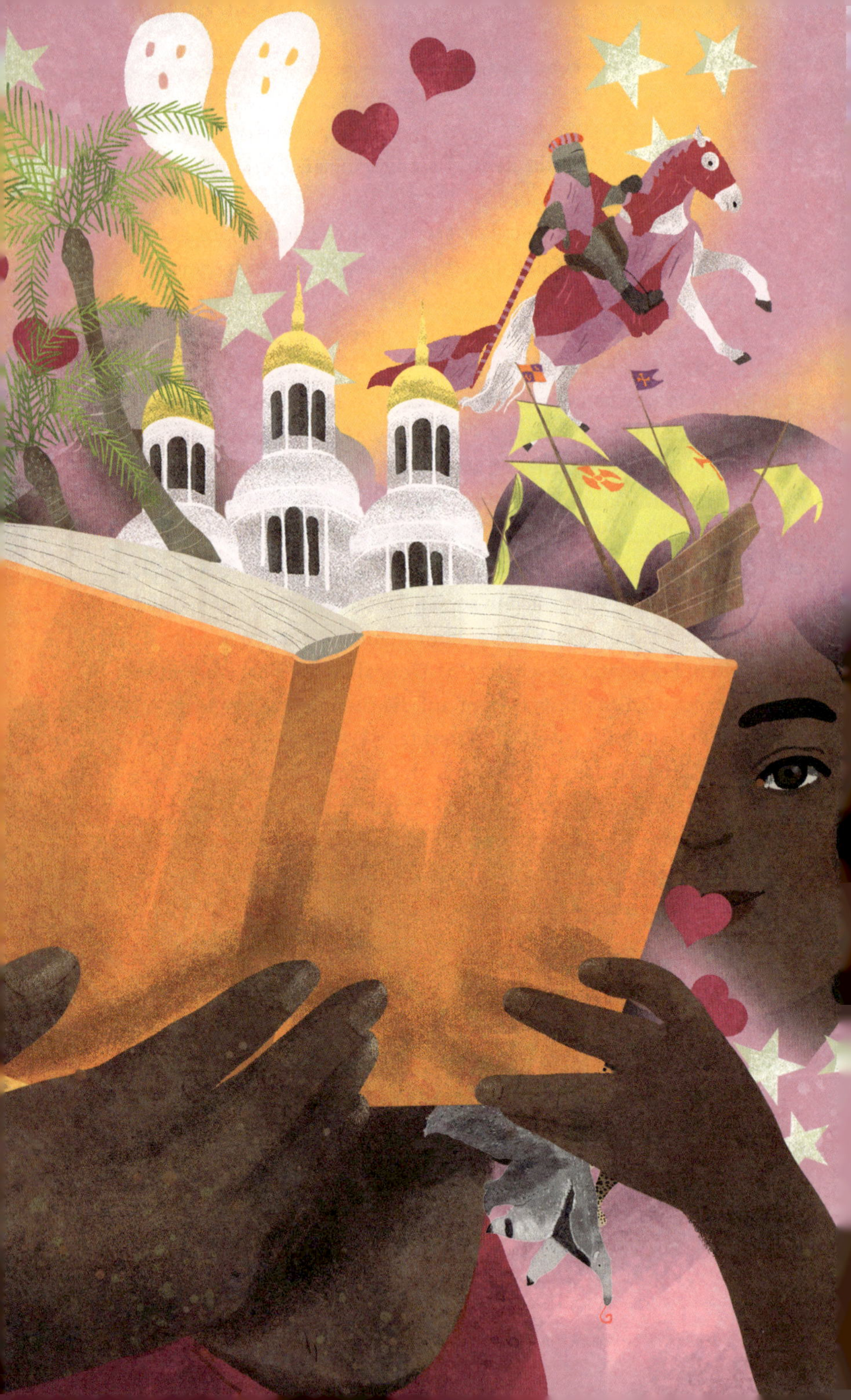

SYBIL GRÄFIN SCHÖNFELDT

Wenn wir uns mitten im Leben meinen

Bei allem, was sie geschrieben hat, ist bei der Schriftstellerin Sybil Gräfin Schönfeldt (1927–2022) zu spüren, dass sie sich nachdrücklich einen liebenswerten, rücksichtsvollen, gelassenen Umgang der Menschen miteinander und ebenso mit den Dingen, die einen umgeben, wünscht. In ihrem Buch *Wenn wir uns mitten im Leben meinen* (2004) erzählt sie von Abschieden und davon, was sie für uns bedeuten können. Ihr eigener Start ins Leben war von großer Trauer geprägt: Ihre Mutter starb wenige Wochen nach ihrer Geburt. Sie kam zuerst zu ihrer Großmutter, die nicht aufhören konnte, um das eigene Kind zu weinen. Später wurde sie von ihren Tanten großgezogen. Für sie alle bedeutete diese Großnichte beziehungsweise Enkelin schieres Lebensglück – und umgekehrt. Umfangen und behütet von dieser Familienliebe, konnte sie lernen, mit dem Tod der Mutter umzugehen.

Kleiderkoffer

Alles, was ich besaß, alles, was ich angezogen bekam, hatte schon einem anderen gehört. Die handgesäumten Windeln waren Vorhänge in dem Haus in den Tropen gewesen, in dem meine Großeltern gelebt hatten. In den weißbestickten Baumwollanzügen hatte meine Mutter als Baby in der Wiege gestrampelt, aus deren vielschichtigen Sonnen- und Moskitobehängen Hemdchen für mich genäht worden waren. Meine Kinderkittel bestanden aus einem Stoff der Kimonos, in denen meine Großmutter, wie sie jedesmal träumerisch sagte, wenn sie einen der Kittel wusch, morgens vor Sonnenaufgang auf der Terrasse am Ufer des Flusses gesessen und die Kühle genossen hatte.

Und als ich in die Schule kam und ganz bei ihr und ihrem zweiten Mann lebte, stieg sie mit mir auf den Dachboden und öffnete einen der Rohrplattenkoffer nach dem anderen, die sie aus den Tropen mitgebracht hatte, und zog unter Seidenpapier und Mottenkugeln ein Kinderkleid aus Voile, Spitzen und Schleifen nach dem anderen heraus, schüttelte es, daß die Staubpartikel im Licht flimmerten, und hielt es mir an.

Paßt oder paßt nicht, und selbst wenn es paßte, in Länge und Breite, ein Seufzen. »Deine Mutter war in dem Alter viel zierlicher.« Oder: »Deine Mutter hatte so schöne Locken.«

Ich schrie, als sie meine Haare mit einer Brennschere zu kräuseln versuchte. Ich schrie wie am Spieß, als sie mir die Haare auf lederne Lockenwickler gedreht hatte und ich den Krüllekopf im Spiegel sah, und mein Großvater, mein Stiefgroßvater sagte: »So laß sie doch!«, und ich mußte keine Korkenzieherlocken tragen und bekam alltags die alten Internatshosen meines Onkels angezogen. Die Tropenkleider hielten nicht lange: »Deine Mutter hat sie Jahre getragen, und du hast sie nur einmal an, und schon ist ein Riß in dem schönen Stoff!«

Die dunkelblauen Jungenshosen aber hatten noch nicht zwei Jahrzehnte in Rohrplattenkoffern gelegen, waren zudem aus unverwüstlichem Stoff für Benutzer genäht, deren noch so wilde Kindheit sie eisern überdauern mußten. So wurde der Hosenschlitz zugenäht, und Hemden bekam ich aus des Großvaters überzähligen Frackhemden genäht. Das war Anfang der dreißiger Jahre, und meine Großmutter sagte: »So viele braucht der Mann ohnehin nie wieder.«

Der Koffer mit den Kleidern der Toten hatte aber nie ausgedient. Er enthielt alles, was meine Mutter im Lauf ihres Lebens getragen und nicht aufgetragen hatte, und all ihre Kinderkittel waren mit doppelten oder dreifachen Säumen genäht. In jedem Frühjahr mußte ich auf den Tisch im Bügelzimmer steigen, bekam die Hänger mit den ausgelassenen Säumen über den Kopf gestreift, und es wurde neu abgesteckt und ich wieder mit der verglichen, die einst in diesem Kleid gelebt hatte und immer gegenwärtig war. »Ach, deine Mutter hatte so schöne braune Augen!« Sie war so gehorsam. Sie war so liebevoll. Sie hat mir immer alles erzählt. Wenn sie nach Hause kam, hat sie immer als erstes nach mir gerufen. Sie ist nie unpünktlich gewesen. Sie hatte nur nette Freundinnen. Sie hatte so viele Verehrer.

»Daß sie ausgerechnet deinen Vater heiraten mußte!«

Und keine Klage um das verlorene Kind, die nicht mit der Beschreibung ihres Todes, ihres langen, schmerzensreichen Todeskampfes geendet hätte. Sie war noch so jung, so voller Lebenskraft, deshalb dauerte es so lange. Deshalb wehrte sie sich so sehr dagegen.

Dieses Kind mit den Korkenzieherlocker, das den Betrachter auf allen Photographien so ernst mit seinen offenbar dunkelbraunen Augen betrachtet, war mehr als jemandes tote Tochter und jemandes tote Mutter. Sie war das Symbol jenes Lebens, das meine Großmutter damals, zu Beginn des 20. Jahrhunderts, mit ihr geführt hatte, auf einer Insel im Indischen Ozean, in einem Haus am Ufer des Flusses, wie es die Spanier nach dem Vorbild der Einheimischen bauten. Und mitten darin das liebliche Kind mit den Locken und dem Blick, der für mich, das Kind dieses Kindes, der Blick des Todes ist, eines sanften, dunkeläugigen Todes.

Meine Großmutter brauchte nur eins der vielen Photos in ihrem Salon anzuschauen, Bilder der toten Tochter unter den Gemälden der toten Ahnfrauen, und schon lang erklang ihre Klage um das verlorene Leben mit diesem Kind. Und schon klagte sie meinen Vater, ihren Schwiegersohn, an, gab ihm die Schuld am Tod dieser einzigen Tochter, dieses letzten, lebendigen Unterpfandes. »Wenn du sie zu uns geschickt hättest, wo sie in einer sauberen Klinik und bei guten Ärzten hätte entbinden können, dann lebte sie noch heute. Wenn du nicht so eigensinnig gewesen wärst und den ersten Schrei deines Kindes hättest hören wollen ...«

Diese Klage hörte ich oft, aber ich dachte dabei, nicht mein Vater, ich bin schuld. Ich und ihr Tod sind gemeinsam geboren worden. Wenn ich nicht lebte, wäre sie nicht gestorben. Ich bin ihr Tod gewesen.

Die Leute sagten immer, wenn sie mich sahen: »Das arme Kind! Muß ohne Mutter aufwachsen!« Und ich dachte: Warum bedauern sie mich und nicht meine arme Mutter? Wissen sie nicht, wie es wirklich war?

Ich glaube, ich wurde nur gerettet, weil ich noch nicht begriff, was ich dachte. Ich war mit dem Tod gekommen, aber ich wußte noch nicht, wer er war. Jahre später, als ich eine Weile bei meinem Vater lebte, fragte ich ihn das, was ich meine Großmutter nie hätte fragen können: »Bin ich schuld am Tod meiner Mutter?«

Er schüttelte den Kopf. »Nein«, sagte er, »beschwer dir damit nicht dein Herz. Frauen sterben eben im Kindbett.«

Mir lag aber nichts am Herzen, denn ich hatte sie nie gekannt. Sie war eine Tote, von Anfang an. Der Tod hatte sie erstarren lassen. Sie war nicht gestorben, sie war leblos geworden. Eine Photographie. Ich konnte sie anstarren, sooft und solange ich wollte. All diese Photographien waren keine Bilder, bei denen man sofort die Wirklichkeit derer wiedererkennt, die sie darstellen. Es waren Totenbilder, Feindbilder, nicht weil der Tod ein Feind wäre, sondern weil ich nichts gegen diese stummen Totenbilder setzen konnte, keine eigene lebendige Erinnerung.

Ich sollte aber sein wie sie, und ein Kind kann noch nicht sagen: »Ich bin aber ich!« Es kann noch nicht einmal sagen: »Ich bin lebendig!« Erst recht nicht: »Du kannst mir alles über sie erzählen – weiß ich denn, ob es stimmt?«

Das fragte ich später, als ich zu denken gelernt hatte, aber da war es zu spät. Wie war sie wohl wirklich?

»Ach, sie ist schon so lange tot. Das weiß ich nicht mehr.«

Wer könnte es wissen? Eine Kinderfreundin. »Sie war so süß und anschmiegsam.«

Das paßte zu den Spitzenkleidern und den Korkenzieherlocken, aber wer war sie, als sie sich die Korkenzieherlocken zu einem Mädchenzopf flocht? Als sie sich das erste Mal verliebte und sich die Zöpfe abschneiden ließ und als sich die Haare zu einem Bubikopf bauschten, auf dem letzten, verwischten Schwarz-Weiß-Photo, glattgedrückt vom Hochzeitsschleier und dem in die Stirn gezogenen Kranz?

Nach dem Tode meiner Großtante fand ich in einem vergilbten Kuvert einen irgendwo abgerissenen Zettel, auf dem die fast verblaßten Worte standen, flüchtig, mit Bleistift geschrieben:

»Verlaß mich nicht – ich hab dich immer lieb.«

Auf der Rückseite, mit der klaren, melodischen Schrift meiner Großtante: »Ihr Letztes, als sie schon nicht mehr sprechen konnte.«

Ich weiß nicht, wie ihre Stimme geklungen hat, ich weiß nicht, wie ihre Haut gerochen hat, ich habe nur ihre Kleider getragen und trage bis heute noch den goldenen Armreif, den ihre Mutter zu ihrer Geburt von meinem Großvater bekam und den meine Großmutter ihr zu meiner Geburt über den Arm gestreift hatte. Sie trug ihn noch sechs Wochen. Sie hat sechs Wochen lang gegen den Tod gekämpft. Ich weiß nicht, wer sie wirklich war. Sie wußte, daß sie sterben mußte, aber ich weiß nicht, ob sie Angst vorm Sterben hatte. Ich weiß nur, daß sie nicht verlassen und allein gestorben ist.

Sybil Gräfin Schönfeldt: *Wenn wir uns mitten im Leben meinen. Gedanken über Leben und Sterben.* München 2004. S. 18–22. – © 2004 Piper Verlag GmbH, München.

Heidis Lehr- und Wanderjahre

Die Figur des einfachen Mädchens aus den Schweizer Bergen ist beinahe hoffnungslos verkitscht worden. Aber irgendwie hat sie es doch überstanden. Heidi ist zäh. Ihre Erfinderin, die Schweizer Kinder- und Jugendschriftstellerin Johanna Spyri (1827–1901), hat vermutlich auch Autobiographisches in ihrer Romangestalt versteckt. Spyri stammte aus dem kleinen Dorf Hirzel im Kanton Zürich, wurde zu einer Tante nach Zürich geschickt und später für ein Jahr in ein Pensionat gesteckt. 1852 heiratete sie den Juristen Bernhard Spyri, aber die Ehe war unglücklich, und während ihrer Schwangerschaft entwickelte Spyri eine schwere Depression. Ihre ersten Texte waren nicht erfolgreich. Erst 1880 gelang ihr mit *Heidis Lehr- und Wanderjahre* ein großer Wurf – und eine moderne Emanzipationsgeschichte. Heidis Tante Dete will eine gute Stellung annehmen. Nachdem sie einige Jahre das Kind großgezogen hat, findet sie, dass nun der Großvater an der Reihe sei, sich um das Kind zu kümmern. Sie vertraut es damit einem Mann an, der keinen guten Leumund hat. Im Originaltext ist er keineswegs der gütige Alte mit Vollbart, sondern ein Mann mit einer düsteren Vergangenheit. Die Aufgabe, seine Enkeltochter zu hüten, wird zur wichtigsten Mission seines Lebens.

Beim Großvater

Nachdem die Dete verschwunden war, hatte der Öhi sich wieder auf die Bank hingesetzt und blies nun große Wolken aus seiner Pfeife; dabei starrte er auf den Boden und sagte kein Wort. Derweilen schaute das Heidi vergnüglich um sich, entdeckte den Geißenstall, der an die Hütte angebaut war, und guckte hinein. Es war nichts drin. Das Kind setzte seine Untersuchungen fort und kam hinter die Hütte zu den alten Tannen. Da blies der Wind durch die Äste so stark, dass es sauste und brauste oben in den Wipfeln. Heidi blieb stehen und hörte zu. Als es ein wenig stiller wurde, ging das Kind um die kommende Ecke der Hütte herum und kam vorn wieder zum Großvater zurück. Als es diesen noch in derselben Stellung erblickte, wie es ihn verlassen hatte, stellte es sich vor ihn hin, legte die Hände auf den Rücken und betrachtete ihn. Der Großvater schaute auf. »Was willst du jetzt tun?«, fragte er, als das Kind immer noch unbeweglich vor ihm stand.

»Ich will sehen, was du drinnen hast, in der Hütte«, sagte Heidi. »So komm!« und der Großvater stand auf und ging voran in die Hütte hinein.

»Nimm dort dein Bündel Kleider noch mit«, befahl er im Hereintreten.

»Das brauch' ich nicht mehr«, erklärte Heidi.

Der Alte kehrte sich um und schaute durchdringend auf das Kind, dessen schwarze Augen glühten in Erwartung der Dinge, die da drinnen sein konnten. »Es kann ihm nicht an Verstand fehlen«, sagte er halblaut. »Warum brauchst du's nicht mehr?«, setzte er laut hinzu.

»Ich will am liebsten gehen wie die Geißen, die haben ganz leichte Beinchen.«

»So, das kannst du, aber hol das Zeug«, befahl der Großvater, »es kommt in den Kasten.« Heidi gehorchte. Jetzt machte der Alte die Tür auf und Heidi trat hinter ihm her in einen ziemlich großen Raum ein, es war der Umfang der ganzen Hütte. Da stand ein Tisch und ein Stuhl daran; in einer Ecke war des Großvaters Schlaflager, in einer anderen hing der große Kessel über dem Herd; auf der anderen Seite war eine große Tür in der Wand, die machte der Großvater auf, es war der Schrank. Da hingen seine Kleider drin und auf einem Gestell lagen ein paar Hemden, Strümpfe und Tücher und auf einem anderen einige Teller und Tassen und Gläser und auf dem obersten ein rundes Brot und geräuchertes Fleisch und Käse, denn in dem Kasten war alles enthalten, was der Alm-Öhi besaß und zu seinem Lebensunterhalt gebrauchte. Wie er nun den Schrank aufgemacht hatte, kam das Heidi schnell heran und stieß sein Zeug hinein, so weit hinter des Großvaters Kleider als möglich, damit es nicht so leicht wiederzufinden sei. Nun sah es sich aufmerksam um in dem Raum und sagte dann: »Wo muss ich schlafen, Großvater?«

»Wo du willst«, gab dieser zur Antwort.

Das war dem Heidi eben recht. Nun fuhr es in alle Winkel hinein und schaute jedes Plätzchen aus, wo am schönsten zu schlafen wäre. In der Ecke vorüber des Großvaters Lagerstätte war eine kleine Leiter aufgerichtet; Heidi kletterte hinauf und langte auf dem Heuboden an. Da lag ein frischer, duftender Heuhaufen oben, und durch eine runde Luke sah man weit ins Tal hinab.

»Hier will ich schlafen«, rief Heidi hinunter, »hier ist's schön! Komm und sieh einmal, wie schön es hier ist, Großvater!«

»Weiß schon«, tönte es von unten herauf.

»Ich mache jetzt das Bett!«, rief das Kind wieder, indem es oben geschäftig hin- und herfuhr; »aber du musst heraufkommen und mir ein Leintuch mitbringen, denn auf ein Bett kommt auch ein Leintuch, und darauf liegt man.«

»So, so«, sagte unten der Großvater, und nach einer Weile ging er an den Schrank und kramte ein wenig darin herum; dann zog er unter seinen Hemden ein langes, grobes Tuch hervor, das musste so etwas sein wie ein Leintuch. Er kam damit die Leiter herauf. Da war auf dem Heuboden ein ganz artiges Bettlein zugerichtet; oben, wo der Kopf liegen musste, war das Heu hoch aufgeschichtet, und das Gesicht kam so zu liegen, dass es gerade auf das offene, runde Loch traf.

»Das ist recht gemacht«, sagte der Großvater, »jetzt wird das Tuch kommen, aber wart noch« – damit nahm er einen guten Wisch Heu von dem Haufen und machte das Lager doppelt so dick, damit der harte Boden nicht durchgefühlt werden konnte –; »so, jetzt komm her damit.« Heidi hatte das Leintuch schnell zuhanden genommen, konnte es aber fast nicht tragen, so schwer war's; aber das war sehr gut, denn durch das feste Zeug konnten die spitzen Heuhalme nicht durchstechen. Jetzt breiteten die beiden miteinander das Tuch über das Heu, und wo es zu breit und zu lang war, stopfte Heidi die Enden eilfertig unter das Lager. Nun sah es recht gut und reinlich aus, und Heidi stellte sich davor und betrachtete es nachdenklich.

»Wir haben noch etwas vergessen, Großvater«, sagte es dann.

»Was denn?«, fragte er.

»Eine Decke; denn wenn man ins Bett geht, kriecht man zwischen das Leintuch und die Decke hinein.«

»So, meinst du? Wenn ich aber keine habe?«, sagte der Alte.

»O dann ist's gleich, Großvater«, beruhigte Heidi; »dann nimmt man wieder Heu zur Decke«, und eilfertig wollte es gleich wieder an den Heustock gehen, aber der Großvater wehrte es ihm.

»Wart einen Augenblick«, sagte er, stieg die Leiter hinab und ging an sein Lager hin. Dann kam er wieder und legte einen großen, schweren, leinenen Sack auf den Boden.

»Ist das nicht besser als Heu?«, fragte er. Heidi zog aus Leibeskräften an dem Sacke hin und her, um ihn auseinanderzulegen, aber die kleinen Hände konnten das schwere Zeug nicht bewältigen. Der Großvater half, und wie es nun ausgebreitet auf dem Bette lag, da sah alles sehr gut und haltbar aus, und Heidi stand staunend vor seinem neuen Lager und sagte: »Das ist eine prächtige Decke und das ganze Bett! Jetzt wollt' ich, es wäre schon Nacht, so könnte ich hineinliegen.«

»Ich meine, wir könnten erst einmal etwas essen«, sagte der Großvater, »oder was meinst du?« Heidi hatte über dem Eifer des Bettens alles andere vergessen; nun ihm aber der Gedanke ans Essen kam, stieg ein großer Hunger in ihm auf, denn es hatte auch heute noch gar nichts bekommen, als früh am Morgen sein Stück Brot und ein paar Schlucke dünnen Kaffees, und nachher hatte es die lange Reise gemacht. So sagte Heidi ganz zustimmend: »Ja, ich mein' es auch.«

»So geh hinunter, wenn wir denn einig sind«, sagte der Alte und folgte dem Kind auf dem Fuß nach. Dann ging er zum Kessel hin, schob den großen weg und drehte den kleinen heran, der an der Kette hing, setzte sich auf den hölzernen Dreifuß mit dem runden Sitz davor hin und blies ein helles Feuer an. Im Kessel fing es an zu sieden, und unten hielt der Alte an einer langen Eisengabel ein großes Stück Käse über das Feuer und drehte es hin und her, bis es auf allen Seiten goldgelb war. Heidi hatte mit gespannter Aufmerksamkeit zugesehen; jetzt musste ihm etwas Neues in den Sinn gekommen sein; auf einmal sprang es weg und an den Schrank und von da hin und her. Jetzt kam der Großvater mit einem Topf und dem Käsebraten an der Gabel zum Tisch heran; da lag schon das runde Brot darauf und zwei Teller und zwei Messer, alles schön geordnet, denn das Heidi hatte alles im Schrank gut wahrgenommen und wusste, dass man das alles nun gleich zum Essen brauchen werde.

»So, das ist recht, dass du selbst etwas ausdenkst«, sagte der Großvater und legte den Braten auf das Brot als Unterlage; »aber es fehlt noch etwas auf dem Tisch.«

Heidi sah, wie einladend es aus dem Topf hervordampfte, und sprang schnell wieder an den Schrank. Da stand aber nur ein einziges Schüsselchen. Heidi war nicht lang in Verlegenheit, dort hinten standen zwei Gläser; augenblicklich kam das Kind zurück und stellte Schüsselchen und Glas auf den Tisch.

»Recht so; du weißt dir zu helfen; aber wo willst du sitzen?« Auf dem einzigen Stuhl saß der Großvater selbst. Heidi schoss pfeilschnell zum Herd hin, brachte den kleinen Dreifuß zurück und setzte sich drauf.

»Einen Sitz hast du wenigstens, das ist wahr, nur ein wenig weit unten«, sagte der Großvater; »aber von meinem Stuhl wärst auch zu kurz, auf den Tisch zu langen; jetzt musst aber einmal etwas haben, so komm!« Damit stand er auf, füllte das Schüsselchen mit Milch, stellte es auf den Stuhl und rückte den ganz nah an den Dreifuß hin, so dass das Heidi nun einen Tisch vor sich hatte. Der Großvater legte ein großes Stück Brot und ein Stück von dem goldenen Käse darauf und sagte: »Jetzt iss!« Er selbst setzte sich nun auf die Ecke des Tisches und begann sein Mittagsmahl. Heidi ergriff sein Schüsselchen und trank und trank ohne Aufenthalt, denn der ganze Durst seiner langen Reise war ihm wieder aufgestiegen. Jetzt tat es einen langen Atemzug – denn im Eifer des Trinkens hatte es lange den Atem nicht holen können – und stellte sein Schüsselchen hin.

»Gefällt dir die Milch?«, fragte der Großvater.

»Ich habe noch gar nie so gute Milch getrunken«, antwortete Heidi.

»So musst du mehr haben«, und der Großvater füllte das Schüsselchen noch einmal bis oben hin und stellte es vor das Kind, das vergnüglich in sein Brot biss, nachdem es von dem weichen Käse daraufgestrichen, denn der war, so gebraten, weich wie Butter, und das schmeckte ganz kräftig zusammen, und zwischendurch trank es seine Milch und sah sehr vergnüglich aus.

Als nun das Essen zu Ende war, ging der Großvater in den Geißenstall hinaus und hatte da allerhand in Ordnung zu bringen, und Heidi sah ihm aufmerksam zu, wie er erst mit dem Besen säuberte, dann frische Streu legte, dass die Tierchen darauf schlafen konnten; wie er dann nach dem Schöpfchen ging nebenan und hier runde Stöcke zurechtschnitt und an einem Brett herumhackte und Löcher hineinbohrte und dann die runden Stöcke hineinsteckte und aufstellte; da war es auf einmal ein Stuhl, wie der vom Großvater, nur viel höher, und Heidi staunte das Werk an, sprachlos vor Verwunderung.

»Was ist das, Heidi?«, fragte der Großvater.

»Das ist mein Stuhl, weil er so hoch ist; auf einmal war er fertig«, sagte das Kind, noch in tiefem Erstaunen und Bewunderung.

»Es weiß, was es sieht, es hat die Augen am rechten Ort«, bemerkte der Großvater vor sich hin, als er nun um die Hütte herumging und hier einen Nagel einschlug und dort einen und dann an der Tür etwas zu befestigen hatte und so mit Hammer und Nägeln und Holzstücken von einem Ort zum anderen wanderte und immer etwas ausbesserte oder wegschlug, je nach dem Bedürfnis. Heidi ging Schritt für Schritt hinter ihm her und schaute ihm unverwandt mit der größten Aufmerksamkeit zu, und alles, was da vorging, war ihm sehr kurzweilig anzusehen.

So kam der Abend heran. Es fing stärker an zu rauschen in den alten Tannen, ein mächtiger Wind fuhr daher und sauste und brauste durch die dichten Wipfel. Das tönte dem Heidi so schön in die Ohren und ins Herz hinein, dass es ganz fröhlich darüber wurde und hüpfte und sprang unter den Tannen umher, als hätte es eine unerhörte Freude erlebt. Der Großvater stand unter der Schopftür und schaute dem Kind zu. Jetzt ertönte ein schriller Pfiff. Heidi hielt an in seinen Sprüngen, der Großvater trat heraus. Von oben herunter kam es gesprungen, Geiß um Geiß, wie eine Jagd, und mitten drin der Peter. Mit einem Freudenruf schoss Heidi mitten in den Rudel hinein und begrüßte die alten Freunde von heute Morgen einen um den anderen. Bei der Hütte angekommen, stand alles still, und aus der Herde heraus kamen zwei schöne, schlanke Geißen, eine weiße und eine braune, auf den Großvater zu und leckten seine Hände, denn er hielt ein wenig Salz darin, wie er jeden Abend zum Empfang seiner zwei Tierlein tat. Der Peter verschwand mit seiner Schar. Heidi streichelte zärtlich die eine und dann die andere von den Geißen und sprang um sie herum, um sie von der anderen Seite auch zu streicheln, und war ganz Glück und Freude über die Tierchen. »Sind sie unser, Großvater? Sind sie beide unser? Kommen sie in den Stall? Bleiben sie immer bei uns?«, so fragte Heidi hintereinander in seinem Vergnügen, und der Großvater konnte kaum sein stetiges »Ja, ja!« zwischen die eine und die andere Frage hineinbringen. Als die Geißen ihr Salz aufgeleckt hatten, sagte der Alte: »Geh und hol dein Schüsselchen heraus und das Brot.«

Heidi gehorchte und kam gleich wieder. Nun melkte der Großvater gleich von der Weißen das Schüsselchen voll und schnitt ein Stück Brot ab und sagte: »Nun iss und dann geh hinauf und schlaf! Die Base Dete hat noch ein Bündelchen abgelegt für dich, da seien Hemdlein und so etwas darin, das liegt unten im Kasten, wenn du's brauchst; ich muss nun mit den Geißen hinein, so schlaf wohl!«

»Gut' Nacht, Großvater! Gut' Nacht – wie heißen sie, Großvater, wie heißen sie?«, rief das Kind und lief dem verschwindenden Alten und den Geißen nach.

»Die weiße heißt Schwänli und die braune Bärli«, gab der Großvater zurück.

»Gut' Nacht, Schwänli, gut' Nacht, Bärli!«, rief nun Heidi noch mit Macht, denn eben verschwanden beide in den Stall hinein. Nun setzte sich Heidi noch auf die Bank und aß sein Brot und trank seine Milch; aber der starke Wind wehte es fast von seinem Sitz herunter; so machte es schnell fertig, ging dann hinein und stieg zu seinem Bett hinauf, in dem es auch gleich nachher so fest und herrlich schlief, als nur einer im schönsten Fürstenbett schlafen konnte. Nicht lange nachher, noch eh' es völlig dunkel war, legte auch der Großvater sich auf sein Lager, denn am Morgen war er immer schon mit der Sonne wieder draußen, und die kam sehr früh über die Berge hereingestiegen in dieser Sommerszeit. In der Nacht kam der Wind so gewaltig, dass bei seinen Stößen die ganze Hütte erzitterte und es in allen Balken krachte; durch den Schornstein heulte und ächzte es wie Jammerstimmen, und in den alten Tannen draußen tobte es mit solcher Wut, dass hier und da ein Ast niederkrachte. Mitten in der Nacht stand der Großvater auf und sagte halblaut vor sich hin: »Es wird sich wohl fürchten.« Er stieg die Leiter hinauf und trat an Heidis Lager heran. Der Mond draußen stand einmal hell leuchtend am Himmel, dann fuhren wieder die jagenden Wolken darüber hin und alles wurde dunkel. Jetzt kam der Mondschein eben leuchtend durch die runde Öffnung herein und fiel gerade auf Heidis Lager. Es hatte sich feuerrote Backen erschlafen unter seiner schweren Decke, und ruhig und friedlich lag es auf seinem runden Ärmchen und träumte von etwas Erfreulichem, denn sein Gesichtchen sah ganz wohlgemut aus. Der Großvater schaute so lange auf das friedlich schlafende Kind, bis der Mond wieder hinter die Wolken trat und es dunkel wurde, dann kehrte er auf sein Lager zurück.

Johanna Spyri: *Heidis Lehr- und Wanderjahre*. Zürich 1978. S. 31–43.

Ein Ort der Geborgenheit

HENNING SCHERF

Grau ist bunt

Der frühere Politiker und ehemalige Bürgermeister von Bremen Henning Scherf, geboren 1938, hat nach seinem Abschied von der Politik etliche Bücher veröffentlicht, die sich vor allem mit der Frage beschäftigen, wie wir in einer älter werdenden Gesellschaft miteinander leben wollen. In seinem Buch *Grau ist bunt. Was möglich ist im Alter* aus dem Jahr 2006 sieht er eine große Chance darin, dass die Menschen nach ihrer Berufstätigkeit heute oft noch dreißig gute Jahre vor sich haben. Durch die Verbesserung der medizinischen Versorgung und Lebensumstände hat sich das gesamte Bild unserer Gesellschaft verändert, weswegen man neu darüber nachdenken muss, wie man sie gestaltet. Scherf erinnert sich daran, wie es früher war, wenn Familien schlicht aus der Not heraus zusammenrücken mussten. Seine These: Wer heute mit mehreren Generationen glücklich unter einem Dach leben will, sollte es vorher üben.

Im Grunde habe ich mir bis Ende vierzig nur begrenzt Gedanken über meinen eigenen Lebensabend gemacht. Ich wollte auf die Weise alt werden, auf die meine Großmutter alt geworden ist: in der Mitte der Familie, umgeben von Kindern und Enkelkindern. Sie kam in unser Haus, weil meine Mutter kurz nach ihrer Hochzeit schwer krank wurde. Mein Vater hatte sie gerade erst weggeschickt, hatte ihr gesagt: »Ich habe eine Frau geheiratet und nicht eine Schwiegermutter.« Aber da lag nun seine Frau im Krankenhaus mit einer schweren Gürtelrose. Und mein Vater, dessen Drogerie von den Nationalsozialisten boykottiert wurde, weil er in der Bekennenden Kirche war, war mit seinen drei kleinen Kindern aus erster Ehe allein. Seitdem ist meine Großmutter nie wieder aus unserem Haus in der Bremer Neustadt weggegangen, Sie hat erlebt, wie meine Mutter drei Kinder – mich und meine beiden jüngeren Brüder – bekommen hat. Sie hat erlebt, wie mein Vater Soldat wurde und die Frauen den Kriegsalltag allein meistern mussten. Zweimal wurden wir ausgebombt. Meine Mutter wäre wohl mit den sechs Kindern, dem zerstörten Geschäft und dem Mann in Kriegsgefangenschaft verzweifelt, wenn es die Großmutter nicht gegeben hätte. Die beiden Frauen wurden zu einer Notgemeinschaft, und wir Kinder haben davon außerordentlich profitiert.

Das änderte sich auch nicht, als mein Vater Weihnachten 1945 aus der Kriegsgefangenschaft zurückkehrte: Großmutter blieb. Anfangs, das mag sein, war mein Vater gleichgültig ihr gegenüber. Doch sie war behutsam, sensibel, sie hat sich manchmal unsichtbar gemacht. Und mit der Zeit wurde diese kleine Frau mit dem Haarknoten und dem stets schwarzen Kleid zum Mittelpunkt unserer Familie. Sie war frühmorgens immer die Erste und abends die Letzte, die wach war. Ich habe sie nie krank erlebt, sie war immer da, immer fleißig, immer praktisch, hat gekocht, gewaschen, genäht, gebügelt. Und sie war absolut bedürfnislos. Ihre Rente, 54 Mark, hat sie unter uns Kinder verteilt – sie war die Einzige, die Geld für uns übrighatte. Als ich in der Schule absackte, zu stottern anfing, hat sie mitgelitten wie niemand sonst. Mit Ratschlägen war sie zurückhaltend, sie hat sich stattdessen mit uns solidarisiert. Meine Kindheit und Jugend war durch diese alte Frau überstrahlt.

Ihr Sterben war ein Sterben, wie ich es allen wünsche. Großmutter ist in ihrem achtzigsten Lebensjahr regelrecht verblichen, in ihrem Bett gestorben, die Familie um sie herum. Sie hatte keine Schmerzen, trotz des Wassers in den Beinen und des Herzleidens. Wir haben uns gründlich verabschieden können, sie bis zuletzt in den Arm genommen. Aus ihren Wachphantasien in den letzten Tagen haben wir erfahren, dass die Zeit, die sie in dieser Familie hatte, die glücklichste Zeit ihres Lebens war. Es war bewegend. Ich war siebzehn Jahre alt, als meine Großmutter starb, war frisch in die Frau verliebt, die ich später heiraten würde, und hatte sicher alles Mögliche im Kopf, nur keine Sterbebegleitung. Und doch habe ich diesen Abschied meiner Großmutter als etwas ganz Wunderbares in Erinnerung, weil er sich in unserer Mitte ereignete und nicht in einer anonymen Klinik, wie später bei meiner Mutter.

Dieses Leben und Sterben hat mein Bild von Alter geprägt. Das Bild der Großmutter hatte ich vor Augen, wenn ich an mein eigenes Altersleben dachte. Es ist ein Geschenk des Himmels, wenn mehrere Generationen zusammenleben können. Wenn man als Kind die Erfahrung machen kann, dass es nicht nur die Eltern gibt, sondern auch die Eltern der Eltern. Wenn man jemanden hat, der anders ist als Vater und Mutter. Jemanden, der Zeit und Geduld hat. Jemanden, der Erfahrungen vermittelt, die die Eltern gar nicht vermitteln können, weil sie berufstätig sind oder anderen Stress haben. Mein Schwiegervater hat unseren Kindern das Schwimmen beigebracht oder sie mit auf die Jagd genommen – ich war zu der Zeit schon Berufspolitiker und hätte kaum Zeit gehabt für solche Abenteuer. Aber es ist auch nicht nur für die Enkel schön, sondern auch für die Eltern, wenn es da noch jemanden gibt, der älter ist, der die Großelternrolle übernimmt und sie entlastet. Und die Großeltern wiederum wissen, dass sie gebraucht und geliebt werden. Mein Schwiegervater hat immer wieder gesagt, wie wichtig ihm seine Enkel seien, dass er erst jetzt, im Alter, erfahre, wie schön es sei, ein Kind aufwachsen zu sehen. Als seine Kinder klein waren, war er als Soldat im Krieg.

Doch dieses Bild, im Grunde das Gesellschaftsbild der fünfziger Jahre, hatte schon zehn Jahre später Risse bekommen. Die Familienstrukturen haben sich verändert. Die Großfamilie gibt es nicht mehr. Die wirtschaftliche Not, die früher mehrere Generationen unter ein Dach gezwungen hatte, ist überwunden. Junge Familien wollen ihr eigenes Leben führen, junge Eltern ihren eigenen Stil im Umgang mit ihren Kindern finden. So wie wir auch. Also blieb meine Mutter in ihrer Wohnung, nachdem mein Vater gestorben war. Sie hätte es sich gewünscht, bei uns zu leben. Meiner Schwiegermutter haben wir später, als wir schon in unserer heutigen Hausgemeinschaft lebten, angeboten, bei uns zu wohnen – unter Tränen hat sie das angenommen und sich dann doch entschieden, mit ihren Freundinnen im Heim alt zu werden. Ihr gegenüber fühle ich mich völlig entlastet. Aber damals, in den siebziger Jahren, war in unserer Kleinfamilie noch kein Platz für eine Großmutter. Stattdessen ging ich zu meiner Mutter zum Mittagessen, brachte ihr Blumensträuße mit, und fast täglich war ein Enkelkind bei ihr. Das war unsere Bringschuld. Und selbst wenn wir es möglich gemacht hätten, wenn wir eine größere Wohnung hätten finanzieren können, wäre es nicht so einfach gewesen wie mit meiner Großmutter. Meine Mutter war sehr viel dominanter, sie hatte den Anspruch, Orientierung zu geben, den Kindern und den Enkelkindern zu sagen, wo es langgeht. Sie verstand ihre Rolle, anders als meine Großmutter, als die der zentralen Autorität. Dabei hatten wir Kinder und Schwiegerkinder durch unser Studium und das Leben in anderen Städten Qualifikationen erworben und Erfahrungen gewonnen, die sie nur ahnen konnte. So habe ich erlebt, dass es nach der gelungenen Drei-Generationen-Familie mit meiner Großmutter – auch in der Familie meiner Frau war es ähnlich gewesen – bei uns keine Fortsetzung gab. Zwar hatten wir eine sehr enge Beziehung, und wir haben in großer Nähe zueinander gewohnt, aber die Großfamilie unter einem Dach war für uns nicht mehr möglich. Ein Leben in mehreren Generationen ist komplex. Man muss sich aufeinander einlassen, Rücksicht nehmen. Wenn man das nicht geübt hat und die Not nicht dazu zwingt, gelingt es nicht.

Henning Scherf: *Grau ist bunt*. Freiburg 2018. S. 14–17. –
© 2018 Verlag Herder GmbH, Freiburg i. Br.

MEIR SHALEV

Meine russische Großmutter und ihr amerikanischer Staubsauger

In seinen Büchern beschreibt der 1948 geborene israelische Schriftsteller Meir Shalev immer wieder in einem ganz eigenen Ton große Frauenfiguren – manchmal betörend feierlich, mitunter traurig und immer wieder in aberwitzig komischer Weise. So auch in seinem Roman *Meine russische Großmutter und ihr amerikanischer Staubsauger* (hebr.: *Ha-davar haya kakha*, 2011). Jene Großmutter heißt Tonia und kämpft schon ihr Leben lang mit Bienenfleiß gegen einen großen Gegner: den Schmutz. Sie bekommt von einem Verwandten aus Amerika einen Staubsauger geschickt, bei dem allerdings ein Teil kaputt geht. Als ihr Enkel Besuch aus Amerika bekommt, sieht sie endlich ihre Chance, ein Ersatzteil zu ordern.

Mein Herz setzte einen Schlag aus. Ich begriff sofort – ich hatte den legendären Staubsauger vor Augen, Großmutter Tonias Sweeper, der unserem *Narnia* jenseits der Badezimmertür entstiegen war, dem Land unserer Familiensagen. Er hatte seinen Karton verlassen, seine Totenschleier abgeworfen und vor meinen Augen Gestalt angenommen. Da war er: der leibhaftige Beweis. Weder Traum noch Trugbild. Nicht der kleine Sweeper von Onkel Jeschajahus Besuch nach der Staatsgründung, sondern der große Sweeper – der mit Globus und Bleistift, weitem Ozean, New York, Tel Schamaam, mit Weiß, Gelb und Grün, dem Rot von Kleid, Lippen und Nägeln, den Tupfen, dem Blau. Die Sache war so, bis zum letzten Detail. Meine Mutter hatte recht.

Großmutter Tonia schritt in die Mitte des Zimmers. Der Staubsauger folgte ihr. Keiner von beiden gab einen Ton von sich. Sie war klein und barfuß, er so groß wie eine Kuh, aber lautlos wie eine Katze auf seinen schwarzen Gummirädern. Das Nachthemd schimmerte weiß. Das Chrom funkelte. Das Gehäuse war tatsächlich so groß wie ein Fass. Der Saugschlauch, mindestens so dick wie mein Arm, hing ihr mit einer Lässigkeit in der Hand, die Stärke vermuten ließ.

Obwohl ich splitternackt war, möchte ich dieses Bild einen Moment einfrieren, denn ehe ich fortfahre, muss ich noch etwas erläutern: Zuweilen beschlich mich der Verdacht, es gehe hier nicht um verschiedene Versionen ein und derselben Geschichte, sondern um eine wahre Geschichte, um die sich Mythen rankten wie die wilden Triebe, die an Granatapfel- und Olivenbäumen sprießen. Gut möglich, überlegte ich weiter, dass, wie bei anderen Mythologien auch, einige unserer Familiengeschichten, vielleicht sogar die meisten, nicht stimmten. Großvater Aaron hatte sich gar nicht im Jordan ertränken wollen, sondern im Kischon. Die Zigeuner hatten Onkel Jizchak nicht entführt, sondern er war mit ihnen entfleucht. Unsere Eselin Ah war durchaus intelligent gewesen, aber nicht so klug, wie man mir erzählte, hatte das Türschloss nicht mit einem Drahtende geknackt, sondern den Schlüssel aus Großvaters Hosentasche stibitzt. Und vielleicht war sie auch nicht geflogen, und falls doch, dann höchstens bis Kfar Jehoschua. Und da ich all diese Märchen anzweifelte, hatte ich auch den Staubsauger in meinem Kopf verkleinert. Jetzt wurde mir klar, dass meine Mutter das ebenfalls getan haben musste, denn der echte Staubsauger war um vieles größer und eindrucksvoller als der in ihren Erzählungen.

Wie dem auch sei, als der Sweeper vor meinen Augen samt Schlauch und Gehäuse Gestalt annahm und die Wärme von Abigails Körper mir sagte, dass ich bei vollem Bewusstsein war, geriet ich in Hochstimmung. So muss Heinrich Schliemann sich gefühlt haben, als er die Ruinen Trojas ausgrub und identifizierte und den »Wahrheitsbeweis« für Homers Schriften erbrachte. So wird den Archäologen zumute sein, die eines Tages die Bundeslade und Noahs Arche entdecken werden.

Aber Großmutter Tonia verschwendete keine Gedanken auf die historiosophische und kognitive Bedeutung des Auftritts ihres Sweepers. »Frag sie«, forderte sie mich auf, ungeachtet der Situation, der Nacktheit, des Betts, als würden wir immer noch in ihrer Küche sitzen, Salzhering essen, Wodka trinken und plaudern, »frag sie, ob ihr Vater mir einen kleinen Dichtungsring für diesen Sweeper besorgen kann.«

Ich traute meinen Ohren nicht. »Großmutter«, fragte ich fassungslos, »deswegen platzt du hier mittendrin rein, ohne anzuklopfen? Wegen eines Ersatzteils für deinen alten Sweeper? Weißt du, wie spät es ist?«

»Es ist ein sehr kleines Teil, und ich bin nicht mittendrin ›reingeplotzt‹«, sagte sie, »ich hab gehört, dass alles vorüber war, und hab euch noch genug Zeit zum Ausruhen und Beruhigen ›gelossen‹.«

Abigail war entgeistert. »Was geht hier vor?«, flüsterte sie. »Ist das der Staubsauger, den sie nicht benutzt? Was will sie?«

»Sie will, dass dein Vater ihr irgendein Ersatzteil für diesen Staubsauger besorgt«, erwiderte ich. »Erklär ihr, dass das unmöglich ist, sonst machen wir bis morgen früh kein Auge mehr zu, und gib mir mal einen Zipfel Laken, ich kann nicht so vor ihr liegen.«

»Sag ihr, es ist eine Kleinigkeit«, beharrte meine Großmutter, »ein kaputter Dichtungsring, der nicht richtig abdichtet, ich brauche einen neuen als Ersatz.«

»Woher weißt du das? Du hast diesen Sweeper doch nur eine Woche benutzt.«

»Zwei Wochen«, sagte sie, »und ich weiß es sehr wohl, denn Jizchak hat es mir ›gesogt‹, und Jizchak ist ein Auch-Ingenieur und versteht was von diesen Dingen. Er hat den Sweeper auseinandergenommen und überprüft und ›gesogt‹, eines Tages, in vielen Jahren, würde dieser Dichtungsring nicht mehr richtig schließen, und es würde Staub entweichen.«

»Aber warum ist das gerade jetzt so wichtig?«

»Das ist wichtig, weil Jizchak ›gesogt‹ hat, das würde in vielen Jahren passieren, und das ist schon fast vierzig Jahre her.«

Diese irre Logik überwältigte mich. »Sie muss einen Dichtungsring in diesem Staubsauger ersetzen«, erklärte ich Abigail, »und sie möchte, dass dein Vater ihn ihr besorgt.«

Abigail stand auf, zog das Laken ganz zu sich und schlang es sich enger um den Leib. Sie trat zu dem Sweeper, beugte sich nieder und untersuchte ihn. Ich blieb liegen, das Herz von Freude erfüllt. Nur wenigen Paaren ist eine derart anregende und außergewöhnliche Situation schon in der ersten gemeinsamen Nacht beschieden: In den frühen Morgenstunden, der untergehende

Vollmond scheint durch die Ladenritzen, der Geliebte liegt splitternackt im Bett, seine Großmutter steht daneben, und die Geliebte, nichts als ein Laken am Leib, bückt sich und untersucht einen uralten Staubsauger, dessen Existenz gerade bewiesen wurde und der bereits einen neuen Dichtungsring braucht! Was will man mehr?

Meir Shalev: *Meine russische Großmutter und ihr amerikanischer Staubsauger.* Zürich 2011. S. 246–249. – © 2011, 2012 Diogenes Verlag AG Zürich.

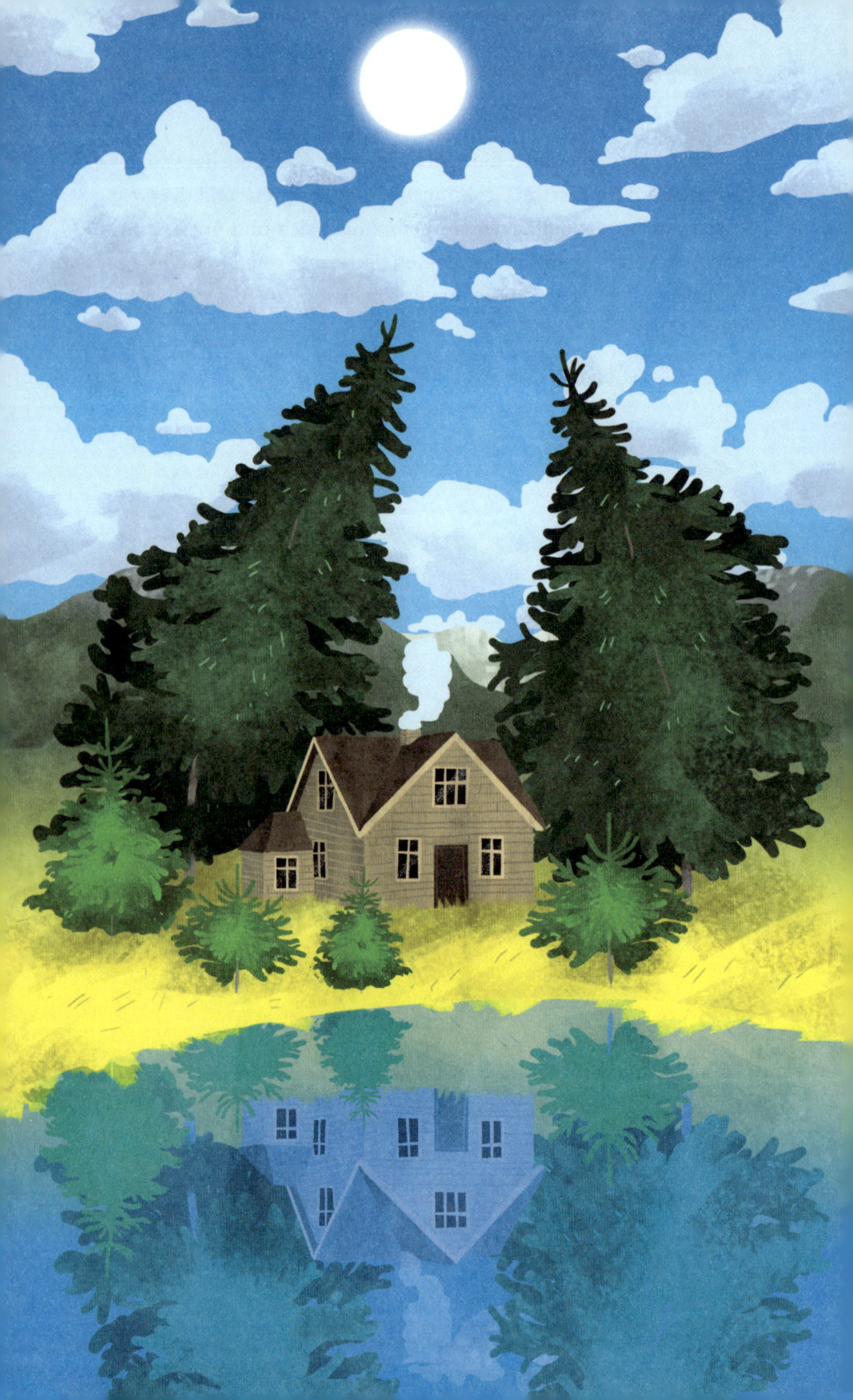

Herr von Ribbeck
auf Ribbeck im Havelland

Das Gedicht um Herrn von Ribbeck von Theodor Fontane (1819–1898) aus dem Jahr 1889 gehört zu den berühmtesten Gedichten der deutschen Literatur. Mit seinen eingängigen Paarreimen, der Knittelversform, verlockt es dazu, auswendig gelernt und rezitiert zu werden – so wie es heute allerdings kaum noch üblich ist. Der freigiebige Herr von Ribbeck möchte über seinen Tod hinaus den Kindern Birnen schenken, doch um die Interessen seines geizigen Sohnes zu umgehen, muss er sich etwas einfallen lassen. Herr von Ribbeck ist das Urgestein einer Großvaterfigur: Verschmitzt und ein wenig wehmütig gibt er eine Tradition nicht an die nächste, sondern an die übernächste Generation weiter – und dabei vielleicht auch die schöne Tradition des Gedichte-Aufsagens.

Herr von Ribbeck auf Ribbeck im Havelland,
Ein Birnbaum in seinem Garten stand,
Und kam die goldene Herbsteszeit,
Und die Birnen leuchteten weit und breit,
Da stopfte, wenn's Mittag vom Turme scholl,
Der von Ribbeck sich beide Taschen voll,
Und kam in Pantinen ein Junge daher,
So rief er: »Junge, wist' ne Beer?«
Und kam ein Mädel, so rief er: »Lütt Dirn,
Kumm man röwer, ick hebb' ne Birn.«

So ging es viel Jahre, bis lobesam
Der von Ribbeck auf Ribbeck zu sterben kam.
Er fühlte sein Ende. 's war Herbsteszeit,
Wieder lachten die Birnen weit und breit,
Da sagte von Ribbeck: »Ich scheide nun ab.
Legt mir eine Birne mit ins Grab.«
Und drei Tage drauf, aus dem Doppeldachhaus,
Trugen von Ribbeck sie hinaus,
Alle Bauern und Büdner, mit Feiergesicht
Sangen »Jesus meine Zuversicht«
Und die Kinder klagten, das Herze schwer,
»He is dod nu. Wer giwt uns nu 'ne Beer?«

So klagten die Kinder. Das war nicht recht,
Ach, sie kannten den alten Ribbeck schlecht,
Der neue freilich, der knausert und spart,
Hält Park und Birnbaum strenge verwahrt,
Aber der alte, vorahnend schon
Und voll Misstraun gegen den eigenen Sohn,
Der wusste genau, was damals er tat,
Als um eine Birn ins Grab er bat,

Und im dritten Jahr, aus dem stillen Haus
Ein Birnbaumsprössling sprosst heraus.

Und die Jahre gehen wohl auf und ab,
Längst wölbt sich ein Birnbaum über dem Grab,
Und in der goldenen Herbsteszeit
Leuchtet's wieder weit und breit.
Und kommt ein Jung' übern Kirchhof her,
So flüstert's im Baume: »Wiste 'ne Beer?«
Und kommt ein Mädel, so flüstert's: »Lütt Dirn,
Kumm man röver, ick gew Di 'ne Birn.«

So spendet Segen noch immer die Hand
Des von Ribbeck auf Ribbeck im Havelland.

Theodor Fontane: *Gedichte*. Stuttgart 1998. S. 85 f.

MICHAEL SEUFERT

Meine Oma hieß Tante Grete

Der Autor und Journalist Michael Seufert, geboren 1943 in Bernburg an der Saale, wuchs in einem Elternhaus auf, das für DDR-Verhältnisse erstaunlich großbürgerlich war. Der Vater betrieb ein Geschäft für Elektrogeräte und bewies großes Geschick dabei, sich als privater Geschäftsmann im sozialistischen Staat zu behaupten. Als echter Homme à Femmes war er nicht selten auf Freiersfüßen unterwegs, was die Ehe brüchig werden ließ. Weil der Junge auf Wunsch seines Vaters, der im Kirchenvorstand saß, keine Jugendweihe machen, sondern konfirmiert werden sollte, durfte er nicht aufs Gymnasium gehen. Das war der Moment für seine Mutter, mit ihrem Sohn zusammen die DDR zu verlassen. Michael Seufert machte sein Abitur in Hamburg und ging anschließend nach Bremen als Volontär bei den *Bremer Nachrichten*. Ihm gelang eine beachtliche journalistische Karriere. Nach seinem Abschied von der Zeitschrift *Stern* fing er an, Bücher zu schreiben. In seiner Geschichte über Tante Grete schildert er etwas, das manche Kinder erleben: Die Rolle der Großeltern können auch andere übernehmen. Nachbarinnen, Freunde, Verwandte oder wie in diesem Fall eine ehemalige Hausangestellte.

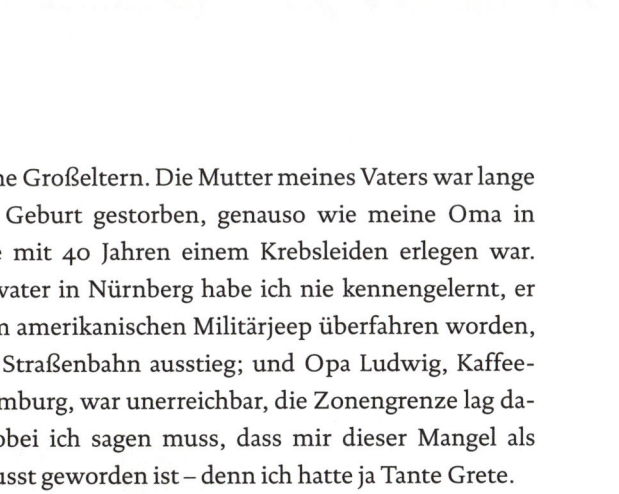

Ich hatte keine Großeltern. Die Mutter meines Vaters war lange vor meiner Geburt gestorben, genauso wie meine Oma in Hamburg, die mit 40 Jahren einem Krebsleiden erlegen war. Meinen Großvater in Nürnberg habe ich nie kennengelernt, er war von einem amerikanischen Militärjeep überfahren worden, als er aus der Straßenbahn ausstieg; und Opa Ludwig, Kaffeehändler in Hamburg, war unerreichbar, die Zonengrenze lag dazwischen. Wobei ich sagen muss, dass mir dieser Mangel als Kind nie bewusst geworden ist – denn ich hatte ja Tante Grete.

Tante Grete war als Katastrophenhelferin in unsere Familie gekommen, nachdem die Mutter meiner älteren Geschwister, also meiner Halbschwester und meines Halbbruders, die beiden eines Abends zu Bett gebracht hatte und dann verschwunden war. Mein Vater muss völlig überfordert mit der Situation gewesen sein. Erzieherinnen wurden engagiert und wieder entlassen. Es war schrecklich, bis Tante Grete kam. »Fräulein Westphal« war ein Glücksgriff, sie brachte endlich wieder Ruhe ins Haus, vor allem sorgte sie liebevoll für meine Geschwister.

Beinahe wäre allerdings das mit Tante Grete und mir schief gegangen, denn nach meiner Geburt soll sie enttäuscht gesagt haben: »Ach, nur ein Junge.« Sie hatte in den Wochen vor meiner Geburt mit viel Liebe eine Babyausstattung gestrickt, gehäkelt und gestickt – komplett in Rosa. Verärgert über Tante Gretes Bemerkung, entzog ihr meine Mutter konsequenterweise das Privileg, mit mir im Kinderwagen am Ufer der Saale spazieren gehen zu dürfen. Tante Grete musste viele Lieblingsessen kochen, ehe die Strafe aufgehoben wurde.

Meine erste Erinnerung an Tante Grete ist ihre Hochzeit, damals war ich drei Jahre alt. Wie üblich wurde am Tag zuvor ein Polterabend veranstaltet. Verwandte, Freunde, Nachbarinnen und Nachbarn warfen alte Teller, Tassen und Pötte in den Eingang unseres Hauses – Scherben bringen Glück. Eine Nachbarin hatte mir eine kleine blaue Tasse in die Hand gedrückt. Ich konnte mich schwer von ihr trennen, weil sie so schön war. Aber für Tante Grete habe ich sie dann doch zerdeppert. Aus dem benachbarten Hotel »Zum goldenen Löwen«, wo russische Offiziere einquartiert waren, flogen später sogar ein paar Waschschüsseln und Wasserkannen aus dem Fenster. Die Soldaten wollten offenbar mit den komischen Deutschen fröhlich mitfeiern.

Nach der Hochzeit gab Tante Grete ihre Stellung bei uns auf. Sie zog bei uns aus und bei Onkel Hans ein, der sein Haus und seine Gärtnerei am Turmweg 1 hatte. Als Teil der alten Bernburger Stadtmauer stand dort auch der Hasenturm. Das alles wurde mein Abenteuerspielplatz, nur fünf Minuten zu Fuß von zu Hause entfernt. Hier durfte ich unangemeldet zu jeder Tageszeit klingeln und auch übernachten. Vor dem Ehebett stand eine Couch für mich. Tante Grete war eine große Köchin. Es gab köstliche Braten und Suppen mit Zwiebeln, Porree, Karotten, Blumenkohl vom eigenen Feld, und nie Milchreis – den mag ich bis heute nicht. Wenn mein Vater auf Geschäftsreise war, bestand jedes Mal die Gefahr, dass Milchreis auf dem Speisezettel stand. Seinen Geruch nahm ich schon im Parterre wahr, wenn ich von

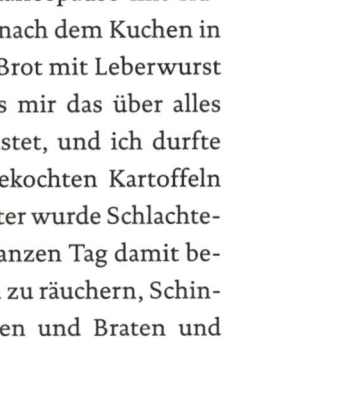

der Schule nach Hause kam. Dann machte ich auf dem Absatz kehrt und rannte in den Turmweg 1, wo Tante Grete voller Freude einen zusätzlichen Teller für mich auf den Tisch stellte.

In der Gärtnerei mit den vielen Gewächshäusern, den endlosen Beeten und zahlreichen Obstbäumen gab es immer etwas zu entdecken. Ich durfte helfen, kleine Alpenveilchen zu pikieren oder Fensterkitt in die Rahmen von Frühbeetfenstern zu streichen, wenn geborstene Scheiben ausgewechselt werden mussten. Tante Grete war auch mein Schutzengel, wenn ich selbst eine kaputtgemacht hatte.

Nachmittags gegen vier wurde eine Kaffeepause mit Kuchen eingelegt. Für mich ging Tante Grete nach dem Kuchen in die Speisekammer und schmierte mir ein Brot mit Leberwurst aus eigener Schlachtung. Sie wusste, dass mir das über alles ging. Jedes Jahr wurde ein Schwein gemästet, und ich durfte Gemüseabfälle und eine Mischung aus gekochten Kartoffeln und Kleie in seinen Trog schütten. Im Winter wurde Schlachtefest gefeiert. Ein Fleischer war dann den ganzen Tag damit beschäftigt, Würste zu füllen, zu kochen und zu räuchern, Schinken für die Räucherkammer vorzubereiten und Braten und

Rouladen einzuwecken. Die Leute aus der Nachbarschaft holten sich Wurstsuppe ab.

Aber nicht nur ums Essen sorgte sich Tante Grete. Ich konnte ihr alles erzählen, jedes Problem, jede Freude, jedes Leid, meinen ersten Liebeskummer. Ich wusste, sie würde nichts davon weitererzählen, allerhöchstens Onkel Hans. Sie konnte zuhören, trösten und wunderbare Geschichten erzählen, auch Spannendes aus meiner Kindheit. Ich konnte ihr wirklich alles anvertrauen, nur einmal nicht. Das ist mir ganz besonders schwergefallen. Ich war 14 Jahre alt. Die acht Jahre Grundschule waren vorbei, ich kam nicht aufs Gymnasium, weil ich keine Jugendweihe machen sollte. Meine Mutter, die den Albtraum hatte, eines Tages werde der Weg nach Westberlin verbaut werden, beschloss, Bernburg zu verlassen und mit mir nach Hamburg zu gehen. Mit dem Zug nach Ostberlin, dann mit der S-Bahn für 20 Pfennig nach Westberlin und von Tempelhof per Flugzeug nach Hamburg. Von diesem Plan durfte niemand etwas wissen. Nicht nur die »Republikflucht« wurde schwer bestraft, sondern auch ihre mögliche Unterstützung. An dem Abend vor unserer Abreise verabschiedete ich mich von Tante Grete ganz besonders innig und hätte am liebsten geheult.

Doch wir haben uns geschrieben. Sie wollte wissen, wie es uns geht, was mich beschäftigt und bewegt. Als ich sie später wieder besuchen konnte, hatte sich alles verändert. Die Gärtnerei war verstaatlicht worden, Onkel Hans nach einer Operation gestorben. In Zeiten, in denen andere ihr Schicksal beklagten, suchte sie das Positive. Sie zog mit ihrer betagten Mutter in eine Neubauwohnung und genoss die Annehmlichkeiten des Plattenbaus mit fließend warmem Wasser und Zentralheizung. Wann immer ich kam, wurde ich liebevoll umarmt, der Tisch mit dem guten Meissner-Porzellan gedeckt, Kuchen kredenzt – und hinterher Leberwurstbrot serviert. Wir sahen alte Fotoalben an und spielten bei einem Glas Wein Rommé. Tante Gretes Mutter schummelte gern, legte schon mal zwei Karten ab und entschuldigte sich damit, dass sie trotz ihrer dicken Brillengläser ja fast blind sei. Es waren köstliche Stunden. Zum Abschied hatte Tante Grete immer ein kleines Geschenk für mich vorbereitet, liebevoll verpackt. Später konnte ich sie nach Hamburg einladen.

Immer wenn wir uns sahen, überkam mich ein so schönes Gefühl wie in Kindertagen. Bei ihrem letzten Besuch, da war sie schon über 90 Jahre alt und konnte die lange Bahnfahrt nicht mehr durchstehen, war sie sofort bereit, zum ersten Mal in ihrem Leben zu fliegen. Verwandte brachten sie zum Flughafen Leipzig, ich holte sie in Fuhlsbüttel ab. Sie war begeistert: »Wie schade, dass ich so spät damit angefangen habe.« Sie war jung geblieben, neugierig und abenteuerlustig – und mit vielen Runzeln und Falten eine schöne Frau. Bevor sie starb, hat sie mich noch einmal in die Arme genommen.

Manchmal komme ich mir vor wie Obelix, der als Kind in den großen Topf mit Zaubertrank gefallen und deshalb so stark geworden ist. Bei mir war der Topf mit Tante Gretes Liebe gefüllt. Großeltern habe ich nie vermisst.

Originalbeitrag

WALTER BENJAMIN

Berliner Kindheit
um Neunzehnhundert

In den Schriften des bedeutenden Literatur- und Kunstkritikers
Walter Benjamin (1892–1940) spürt man den souveränen Geist
eines Weltumarmers und Menschenfreundes, der durch seine
Empfindsamkeit vieles sah und wahrnahm. Als Sohn eines Anti-
quitäten- und Kunsthändlers kannte er sicherlich die goldene
Regel, dass man für dieses Geschäft große Lagerräume braucht
und die Geduld, auf den Geschmack der Enkelkinder zu warten,
die die Gegenstände ihrer Großeltern wieder schön finden. Er
erinnert sich lebhaft an das verschnörkelte Mobiliar, das seine
Großmutter umgab und eine kostbare Atmosphäre schuf.

Blumeshof 12

Keine Klingel schlug freundlicher an. Hinter der Schwelle dieser
Wohnung war ich geborgener als selbst in der elterlichen. Übrigens hieß es nicht Blumes-Hof, sondern Blume-zoof, und es war
eine riesige Plüschblume, die so, aus krauser Hülle, mir ins Gesicht fuhr. In ihrem Innern saß die Großmutter; die Mutter meiner Mutter. Sie war Witwe. Wenn man die alte Dame auf ihrem

teppichbelegten und mit einer kleinen Balustrade verzierten Erker, welcher auf den Blumeshof herausging, besuchte, konnte man sich schwerlich denken, wie sie große Seefahrten oder gar Ausflüge in die Wüste unter Leitung von »Stangens Reisen« unternommen hatte, an die sie sich alle paar Jahre anschloss. Madonna di Campiglio und Brindisi, Westerland und Athen und von wo sonst sie auf ihren Reisen Ansichtskarten schickte – in ihnen allen stand die Luft von Blumeshof. Und die große, bequeme Handschrift, die den Fuß der Bilder umspielte oder sich in ihrem Himmel wölkte, zeigte sie so ganz und gar von meiner Großmutter bewohnt, dass sie zu Kolonien des Blumeshof wurden. Wenn dann ihr Mutterland sich wieder auftat, betrat ich dessen Dielen so voll Scheu, als hätten sie mit ihrer Herrin auf den Wellen des Bosporus getanzt und als verberge sich in den Persern noch der Staub von Samarkand.

Mit welchen Worten das unvordenkliche Gefühl von bürgerlicher Sicherheit umschreiben, das von dieser Wohnung ausging? Das Inventar in ihren vielen Zimmern würde heute keinem Trödler Ehre machen. Denn wenn auch die Erzeugnisse der siebziger Jahre so viel solider waren als die späteren des Jugendstils – das Unverwechselbare an ihnen war der Schlendrian, mit dem sie dem Lauf der Zeit die Dinge überließen und sich, was ihre Zukunft anbetraf, allein der Haltbarkeit des Materials und nirgends der Vernunftberechnung anvertrauten. Das Elend konnte in diesen Räumen keine Stelle haben, in denen ja nicht einmal der Tod sie hatte. Es gab in ihnen keinen Platz zum Sterben; darum starben ihre Bewohner in den Sanatorien, die Möbel aber kamen gleich im ersten Erbgang an den Händler. In ihnen war der Tod nicht vorgesehen. Darum erschienen sie bei Tage so gemütlich und wurden nachts der Schauplatz böser Träume. Das Stiegenhaus, das ich betrat, erwies sich als Wohnsitz eines Alps, der mich zuerst an allen Gliedern schwer und kraftlos machte, um schließlich, als mich nur noch wenige Schritte von der ersehnten Schwelle trennten, mich in Bann zu schlagen. Dergleichen Träume sind der Preis gewesen, mit dem ich die Geborgenheit erkaufte. Die Großmutter starb nicht im Blumeshof. Ihr gegenüber wohnte lange Zeit die Mutter meines Vaters, die schon älter war. Auch sie starb anderswo. So ist die Straße mir zum Elysium, zum Schattenreich unsterblicher, doch abgeschiedener Großmütter geworden. Und weil die Phantasie, wenn sie einmal den Schleier über eine Gegend geworfen hat, gern seine Ränder von unfasslichen Launen sich kräuseln lässt, hat sie ein Kolonialwarengeschäft, das in der Nähe liegt, zu einem Denkmal des Großvaters gemacht, der Kaufmann war, nur weil sein Inhaber auch Georg hieß. Das Brustbild dieses Frühverstorbenen hing lebensgroß und als Pendant zu jenem seiner Frau im Flur, der zu den abgelegeneren Teilen der Wohnung führte. Wechselnde Gelegenheiten riefen sie ins Leben. Der Besuch einer verheirateten Tochter eröffnete ein längst außer Gebrauch gekommenes Spindenzimmer; ein anderes Hinterzimmer nahm mich auf, wenn die Erwachsenen Mittagsruhe hielten; ein drittes war es, aus dem das Scheppern der Nähmaschine an den Tagen drang, an denen eine Schneiderin ins Haus kam. Der wichtigste von diesen abgelegenen Räumen war für mich die Loggia, sei es, weil sie, bescheidener möbliert, von den Erwachsenen weniger geschätzt war, sei es, weil gedämpft der Straßenlärm heraufdrang, sei es, weil sie mir den Blick auf fremde Höfe mit Portiers, Kindern und Leierkastenmännern freigab. Es waren übrigens mehr Stimmen als Gestalten, die von der Loggia sich eröffneten. Auch war das Viertel vornehm und das Treiben auf seinen Höfen niemals sehr bewegt; etwas von der Gelassenheit der Reichen, für die die Arbeit hier verrichtet wurde, hatte sich dieser selber mitgeteilt, und alles schien bereit, ganz unversehens in tiefen Sonntagsfrieden zu verfallen. Darum war der Sonntag der Tag der

Loggia. Der Sonntag, den die andern Räume, die wie schadhaft waren, nie ganz fassen konnten, denn er sickerte durch sie hindurch – allein die Loggia, die auf den Hof mit seinen Teppichstangen und den andern Loggien hinausging, fasste ihn, und keine Schwingung der Glockenfracht, mit der die Zwölf-Apostel- und die Matthäi-Kirche sie beluden, glitt von ihr hinab, sondern bis Abend blieben sie dort aufgestapelt. Die Zimmer dieser Wohnung waren nicht nur zahlreich, sondern zum Teil sehr ausgedehnt. Der Großmutter auf ihrem Erker guten Tag zu sagen, wo neben ihrem Nähkorb dann sehr bald Obst oder Schokolade vor mir stand, musste ich durch das riesige Speisezimmer, um dann das Erkerzimmer zu durchwandern.

Walter Benjamin: *Berliner Kindheit um Neunzehnhundert*. Frankfurt 1950. S. 64-69.

Abschiede

PETER HÄRTLING
ALTER JOHN

WILHELM VON KÜGELGEN
JUGENDERINNERUNGEN EINES ALTEN MANNES

SELMA LAGERLÖF
MÅRBACKA

Alter John

Peter Härtling (1933–2017) gehört für mich zu den Schriftstellern, die mit ihrem Werk immer versucht haben, das Glück hienieden zu mehren, die Herzen zu öffnen für Verborgenes, für das Wesen jedes Einzelnen. Er strahlte enorme Zugewandtheit aus – und dafür haben ihn schon viele Kindergenerationen geliebt. Er selbst hat in seiner Kindheit Schlimmstes erfahren und kannte den tiefsten Kummer, den ein Mensch mit sich herumzutragen hat. In seinem Roman *Alter John* (1981) erzählt er von einem Großvater, der störrisch, in seinen Schrullen aber unwiderstehlich ist.

Alter John kündigt sich an

Ehe Alter John einzog, gab es einen gewaltigen Krach. Bei Schirmers muss das so sein. Alles Neue oder Außergewöhnliche wird auf jeden Fall ausführlich und meistens auch laut besprochen. Ohne einen ordentlichen Krach geht das Leben in der Familie nicht voran.

Schirmers saßen beim Abendessen in der Küche. Sie ist der größte Raum in dem alten kleinen Haus, in das sie erst vor kurzem eingezogen sind.

Laura und Jakob verfolgten gespannt die Auseinandersetzung zwischen den Eltern. Mutter war dafür, dass Alter John bei ihnen wohne.

Vater hatte, wie er dauernd sagte, so seine Bedenken. Alter John ist schon fünfundsiebzig, sagte er. Er kann doch bald zum Pflegefall werden. Außerdem spinnt er ein bisschen! Das weißt du doch, Irene.

Ja? fragte Mutter bloß und machte Vater noch wütender. Wenn die Eltern auf hundert waren, vor allem Vater, dann war es vernünftiger, man mischte sich nicht ein. Laura traute sich trotzdem: Alter John ist doch Mamas Vater, sagte sie.

Jakob fügte schnell hinzu: Unser Großvater!

Hältst du mich für dämlich, schrie Vater und trommelte mit der Gabel auf dem Teller.

Mutter machte ihn darauf aufmerksam, dass der Teller kaputtgehen könne. Vater kümmerte sich nicht darum. Er trommelte weiter und sagte, mit vor Zorn zusammengezogenen Augenbrauen: Ihr habt euch hier überhaupt nicht einzumischen. [...]

Alter Johns Sofaecke

Mit der Zeit eroberte sich Alter John einige Plätze im Haus. Sie gehörten ihm. Er erhob einen Anspruch auf sie.

An solche Eigenheiten musste sich die Familie erst gewöhnen.

Alles begann mit oder auf dem Sofa in der Lungerstube. Um halb vier Uhr nachmittags, doch nur bei schlechtem Wetter, beschlagnahmte Alter John die rechte Ecke des Sofas. Ob jemand in der linken saß, war ihm egal. Die rechte Ecke war die seine. Und damit basta.

Laura und Jakob merkten es bald und fanden es einfach komisch.

Mutter musste es lernen. Sie hatte eine Freundin zu Besuch. Die beiden Frauen hatten sich in die Lungerstube zurückgezogen. Dort war's auch am gemütlichsten. Laura hörte ihnen ein wenig zu. Draußen goss es in Strömen. Als Laura die grauen Wasserschleier zwischen den Bäumen sah, fiel ihr ein, dass Alter John bald das Sofa besetzen würde. Die rechte Ecke. Sie guckte auf die Uhr. Bloß noch acht Minuten bis halb vier. Vor Aufregung konnte sie gar nicht mehr zuhören. Sie starrte wie gebannt auf Mutters Freundin Lisa, die sich keinen besseren Sitzplatz hatte aussuchen können als Alter Johns Ecke.

Laura traute sich nicht, was zu sagen. Sie wäre auch gar nicht dazugekommen, da Mutter und Lisa ohne Pause redeten.

Punkt halb vier öffnete sich die Tür. Er erschien, eine Zeitung unter den Arm geklemmt, Alter John. Er strahlte – noch – übers ganze Gesicht. […]

Alter John stirbt

Den ganzen Winter lang schlappte, schlurfte, schlingerte Alter John durchs Haus, belauert und behütet von der ganzen Familie.

Wenn der Frühling kommt, werdet ihr mich nicht wiedererkennen! sagte er.

Er war sich seiner Sache sicher und wurde immer dürrer und krummer. Der Bart franste aus. Er pflegte ihn nicht mehr. Die Haare standen ihm wie ausgebleichte Wollreste vom Kopf.

Als der Frühling endlich kam, blieb er im Bett, stand nicht mehr auf.

Doktor Leupold schaute nun jeden Tag nach ihm. Herr Navratil hat keinen Willen mehr, sagte er. Ich weiß nicht, ob es nun nicht doch sinnvoller wäre, ihn in der Klinik zu behandeln.

Jetzt war auch Vater dagegen. Er kam öfter früher heim, um sich zu Alter John zu setzen.

Das taten auch Laura und Jakob. Sie zogen den Stuhl neben das Bett. Alter John schaute sie ab und zu an und nickte. Manchmal setzte sich ein winziges Lächeln um seine Augen fest.

Geredet wurde nur wenig. Erst ertrugen Laura und Jakob das Schweigen kaum, dann merkten sie, dass Alter John die stummen Gedanken in ihren Köpfen genügten. Dass er sie spüren und auf irgendeine Weise lesen konnte.

Manchmal machte er ins Bett und schämte sich. Es stank dann auch eklig. Vor allem Jakob musste sich überwinden, wenn Mutter ihn um Hilfe bat.

Zu Vaters Verdruss nutzte die Dusche, die Alter John so geliebt hatte, nichts mehr. Vater trug Alter John die Treppe hoch ins Badezimmer. Alter John war ganz leicht geworden. Er hing wie eine ausgebleichte Gliederpuppe in Vaters Arm. Ganz leicht.

Wie ein Kind, sagte Laura.

Nein, das fand Jakob nicht. Er hätte schreien können, als er Alter John so sah. Jemand, aus dem alle Kraft gewichen war, der aber, jetzt von Vater getragen, trotzdem fröhlich wirkte, beinahe verrückt fröhlich.

An sonnigen Nachmittagen wurde Alter John draußen auf die Liege gebettet. Er genoss es sehr. Tschapperl tobte außer sich vor Vergnügen um ihn herum. Sabine kam zu Besuch und brachte ihm ein Sträußchen. Frau Besemer war wieder seine »verehrte Marianne«. Er konnte oder wollte nicht mehr maulen.

Jakob saß neben der Liege im Gras. Er hielt einen Heuschreck in den gefalteten Händen gefangen, spürte wie er kitzelte.

Lass ihn wieder frei!

Er hatte nicht erwartet, dass Alter John ihn beobachtete, und fuhr zusammen. Er öffnete die Hände. Der grüne Hüpfer sprang in einem weiten Bogen fort.

Der freut sich, sagte Alter John.

Ob der sich freuen kann? fragte Jakob.

No, ich möcht's schon annehmen. Bist du traurig, Jakob?

Ich weiß nicht, Alter John. Er wusste es wirklich nicht. Er war ehrlich.

Das ist am schlimmsten, sagte Alter John, wenn man traurig ist und nicht weiß, ob man tatsächlich traurig ist. Es wird sich geben.

Er fuhr Jakob mit der Hand über den Kopf. Die Hand war so leicht, dass Jakob sie kaum fühlte.

Zufällig hörte Laura, wie Doktor Leupold vor der Haustür zu Vater sagte: Es kann nicht mehr lang dauern. Meinte er, dass Alter John sterben würde?

Sie wagte niemanden zu fragen, auch Marianne nicht, die am genauesten über Alter Johns Zustand Bescheid wusste. Keiner sprach vom Sterben. Bis Mutter an einem Abend in der Lungerstube ohne Grund sagte: Vater stirbt.

Sie sagte wieder Vater.

Jakob schaute sie sprachlos an. Laura dachte an das, was Doktor Leupold gesagt hatte.

Frau Besemer verließ das Zimmer.

Vater zündete sich umständlich eine Pfeife an. Er stirbt bei uns, sagte er und stand auf. Ich will mal nach ihm schauen.

Ich komm' mit, sagte Laura.

Leise öffneten sie die Tür zu Alter Johns Zimmer. Er lag wach, als hätte er sie erwartet. Ihm fehlte die Kraft zu sprechen. Sie setzten sich neben das Bett. Er nickte ihnen zu. Tschapperl knurrte kurz.

Vater drückte behutsam Alter Johns Hand. Geht's? fragte er.

Alter John nickte und flüsterte: Ich bin schon ein Blödian.

Vater lachte kurz. Und ein Brinner!

Und Alter John! sagte Laura.

Alter John blinzelte und flüsterte: Von allem ein bissel!

Vater legte Alter Johns Hand in die von Laura, stellte sich ans Fenster und blieb dort ziemlich lange, ohne sich zu rühren.

Alter John schloss die Augen. Er schlief wohl.

Laura lauschte ängstlich auf seinen leichten Atem.

Ja, sie hatte Angst, und trotzdem war sie froh und stolz.

Jakob war, seit Alter John nicht mehr sprach, kaum mehr Essen zu sich nahm und einfach reglos im Bett lag, wie verdreht. Alle zehn Minuten rannte er hinaus in den Garten, um von draußen durchs Fenster nach Alter John zu sehen.

Frau Besemer versuchte ihn zu vertreiben. Er störe.

Nein, er störe nicht. Alter John sei sein Großvater.

Alter John starb in der Nacht. Keiner war bei ihm.

Vater hatte ihn hinaufgetragen, und Mutter hatte ihn gebadet wie sonst.

Er hatte sich wohlgefühlt und es auch gesagt: Es ist schön bei euch.

Vater, der als erster aufstand, hatte es bemerkt. Laura wachte von seinem Schluchzen auf.

Es war noch sehr früh. Sie schlich hinunter. Die Eltern hielten sich in den Armen und standen in der offenen Tür zu Alter Johns Zimmer.

Sie schlich an ihnen vorbei zu Alter John. Er lag mit geschlossenen Augen da. Wie immer. Nur etwas strenger und etwas fremder.

Jakob kam dazu. Er sah kurz zu Alter John hin, dann legte er die Hand vor die Augen, rannte hinaus, rannte in den Garten, in immer engeren Kreisen, riss die Hände hoch und warf sich ins Gras.

Laura wollte ihn trösten, doch Mutter hielt sie fest. Lass ihn. Wir können auch so auf ihn aufpassen.

Jakob heulte nicht. Er konnte gar nicht heulen. Wahrscheinlich meinten die Heinis, die ihn jetzt im Gras liegen sahen, dass er heulte. Das tat er nicht. Er wünschte, zusammen mit Alter John tot zu sein.

Er sprang auf, rannte zum Fenster. Er schaute nicht auf Alter John, sondern auf Einstein, der ihm die Zunge rausstreckte. Wenn er sich nicht täuschte, ähnelte Einstein noch mehr Alter John als früher.

Tschapperl saß neben dem Bett, ohne dass auch nur ein Muskel unterm Fell zuckte.

Alter John wurde fortgebracht.

Er wurde beerdigt.

Laura und Jakob und Frau Besemer gingen als Erste hinter dem Sarg, vor den Eltern.

Mutter hatte darauf bestanden.

Es zogen viele Leute hinter ihnen her, sogar Herr Lämmle.

Am Abend trafen sie sich in der Lungerstube.

Es war noch so mild, dass die Tür zur Terrasse offenstand. Die Vögel sangen laut gegen ihr Schweigen an.

Vater und Laura spielten Halma.

Mutter schrieb Briefe.

Frau Besemer saß draußen auf der Bank. Sie würde sich gleich verabschieden und ans andere Ende des Dorfes zu ihrer Wohnung gehen.

Jakob streunte herum. War mal draußen, mal drinnen.

Im Vorbeigehen fiel sein Blick auf die leere rechte Sofaecke. Er machte die Augen zu und sah plötzlich Alter John dort sitzen. Er machte die Augen auf. Er war nicht mehr da. Jetzt wusste er, dass Alter John nie mehr da sein würde.

Peter Härtling: *Alter John*. Weinheim 1981. S. 5, 33, 102–107.

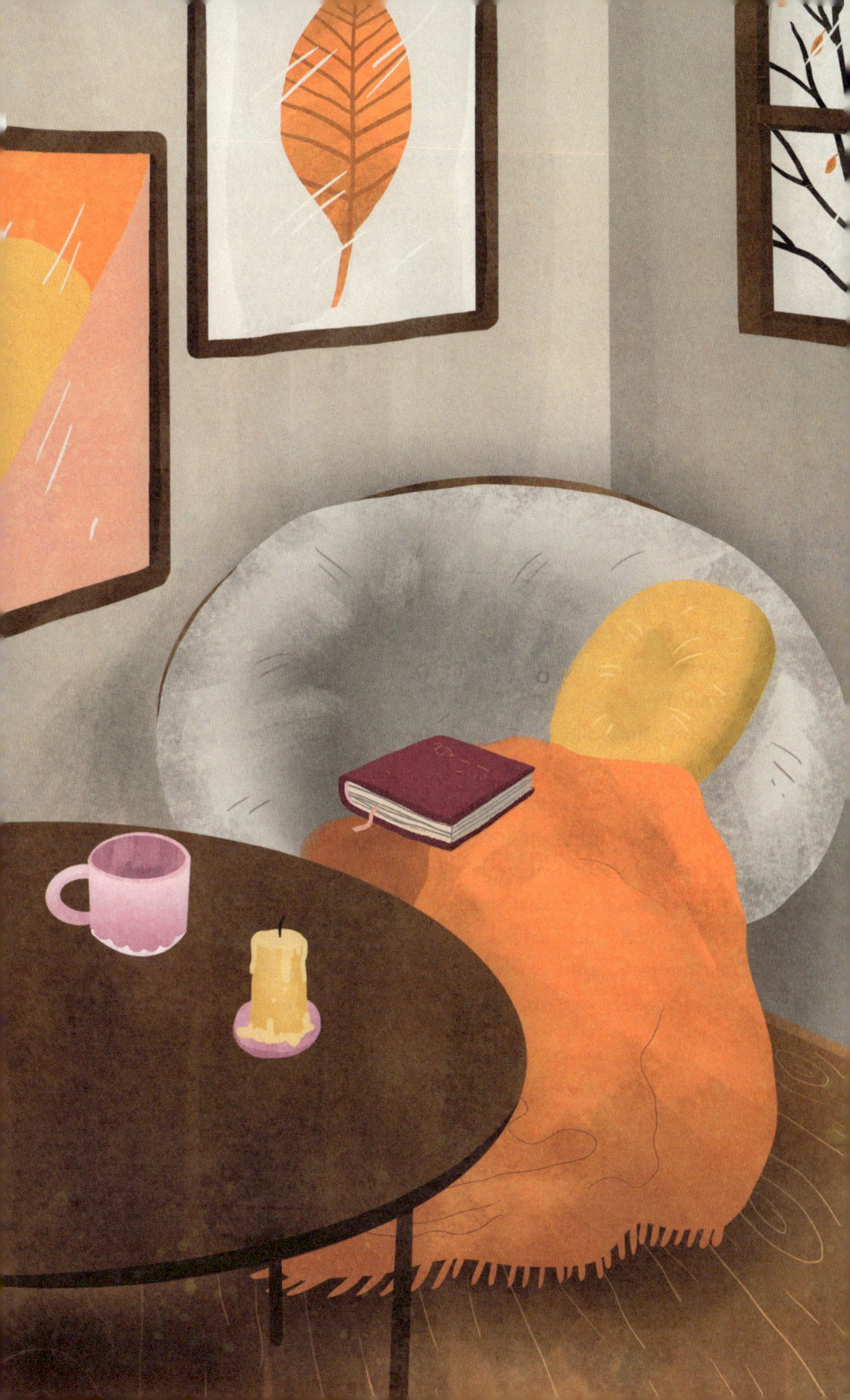

Jugenderinnerungen eines alten Mannes

Als der Porträt- und Historienmaler, Schriftsteller, Hofmaler und Kammerherr Wilhelm Georg Alexander von Kügelgen (1802–1867) in Kellerräumen des Schlossbergs unterhalb von Ballenstedt bei Kerzenlicht und später beim Schein einer Petroleumlampe in Quedlinburg seine Lebenserinnerungen aufschrieb, dauerte das sehr viel länger, als er geplant hatte. In höchstens einem Jahr wollte er damit fertig sein und klagte nach zehn Jahren, es sei immer noch nicht ganz vollbracht. 1870 wurden die Jugenderinnerungen eines alten Mannes zum ersten Mal herausgegeben. Seitdem gehören sie zum Kanon der deutschen Erinnerungsliteratur. Das 19. Jahrhundert, in dem Kügelgens Erinnerungen erschienen, ist die Zeit, in der die Rolle der Großeltern vielleicht zum ersten Mal so gedacht und erlebt wurde, wie wir sie heute kennen. Kügelgen erinnert sich an eine Großmutter, die er geliebt hat, obgleich er sie kaum kannte.

Die Königspfalz

Wir langten endlich alle wohlbehalten zu Rhens am Rhein bei der Mutter meines Vaters, in der alten Wackelburg an. So nannte man im Volke mein großelterliches Haus, in dessen Mauern vorzeiten deutsche Könige residiert haben sollen und auf dessen Territorium auch noch heute der bekannte Königsstuhl steht. Als ich den Rhein sah, entzückte mich der große Strom dermaßen, dass ich, während die anderen sich umarmten, mit ausgebreiteten Armen geradewegs hineinlief. Die gute Leno aber sprang mir nach bis an den Gürtel und rettete mich mit eigener Gefahr.

Sonst weiß ich herzlich wenig von jener Zeit. Die Großmutter besaß Weinberge, Gärten, Feld und Wald. Da ward herumgezogen mit Geschwistern und Verwandten meines Vaters, gegessen und getrunken, gesungen und geklungen. Man machte Rheinpartien und dehnte solche Exkursionen, um alte Freunde zu besuchen, bis Mainz und Köln aus. Überdem kopierte mein Vater für sich eine Sammlung von etwa zwanzig alten Familienbildern, die sich im Saal der Wackelburg noch fanden, und meine Mutter widmete sich mit demütig kindlicher Unterordnung der Unterhaltung und Pflege ihrer geliebten alten Schwiegermutter.

Etwa drei Vierteljahre mochte man auf diese Weise in Rhens verlebt haben, als meine Großmutter auf den Tod erkrankte. Sie war bis dahin immer kerngesund gewesen, und meine Mutter bewunderte die Stille und Ergebung, mit denen sie jetzt dem Tod ins Auge sah. Da sie so schwach und sterbend war, brachte ich ihr Schneeglöckchen auf ihr Bett. Sie reichte mir die Hand und sagte: »Gelt, Wilhelm, im Himmel sehen wir uns wieder?« Da schlug ich unbedenklich ein und sagte: »Ja, Großmama!« Ich hoffe auch, dass mein Erlöser sein Fiat unter diesen Kontrakt gesetzt habe.

Nachdem die Lebenskraft der Sterbenden erloschen, schien sie sanft einschlafen zu wollen. Da schrie der Priester, der nach katholischem Ritus die Sterbegebete verrichtete, ihr zu wiederholten Malen und mit gellender Stimme in die Ohren: »Verstehen Sie mich auch noch, Frau Kammerrätin?«, wodurch sie wieder aufgeschreckt und, unfähig zu leben und zu sterben, in so peinliche Unruhe geriet, dass ihr Todeskampf um ganze vierundzwanzig Stunden verlängert schien. An dem Eindrucke dieser bornierten Barbarei hatte meine Mutter ihr Leben lang zu tragen, und oft pflegte sie zu sagen, wie man bei Sterbenden sich jedes Geräusches, selbst des lauten Weinens, zu enthalten habe, und wie grausam es sei, den Tod zu stören.

Mein Vater war damals nicht gegenwärtig. Er hatte einen Abstecher nach Paris gemacht, um die von Napoleon zusammengeraubten Kunstschätze in Augenschein zu nehmen, als die Nachricht von dem bedenklichen Erkranken seiner Mutter ihn zurückrief. Bei seiner Ankunft fand er sie tot, und da ihm ohnedies sein Vaterland durch die Franzosenwirtschaft und mehr noch durch die französischen Sympathien seiner Landsleute verleidet war, entschloss er sich, für die noch übrige Zeit seines deutschen Aufenthaltes nach Dresden zu gehen, dessen Kunstschätze ihn anzogen.

Er ordnete noch mit den Geschwistern den Nachlass der Mutter und machte sich dann mit den Seinigen davon. Man weilte längere Zeit in Schlangenbad, das meiner Mutter guttat, und auch in Weimar, wo interessante Bekanntschaften angeknüpft wurden. Von alledem weiß ich nichts mehr, erinnere mich aber einer Zeit, da ich von dem Totaleindrucke, den jene Reise auf mich machte, namentlich von dem dumpfen Dröhnen des verschlossenen Wagens, noch Bewusstsein hatte, so wie mir auch ein schwaches, aber sehr liebliches Bild von der seligen Großmutter geblieben war, das sich später verwischt hat.

Wilhelm von Kügelgen: *Jugenderinnerungen eines alten Mannes*. Hrsg. und mit einem Nachwort versehen von Alfred Semerau. Berlin 1925. S. 14–16.

Mårbacka

Großeltern bedeuten für viele Kinder nicht nur eine intensive Erfahrung von vertrauter Nähe und großer Liebe, sondern oft auch die erste Begegnung mit dem Tod, dem Verlust eines Menschen. Selma Lagerlöf (1858–1940), die 1909 als erste Frau mit dem Literaturnobelpreis ausgezeichnet wurde, beschreibt in dem ersten Teil ihrer Autobiographie *Mårbacka* (1922) ihre Großmutter als eine Person, die die goldenen Regeln des Erzählens beherrscht haben muss. Natürlich gab sie nur Geschichten zum Besten, die sich wirklich so zugetragen hatten, die wahr waren – und die Kinder liebten ihre Sagen und Anekdoten. Dies ist der Schatz, der den Enkelkindern bleibt, wenn sie von der Großmutter Abschied nehmen müssen.

Großmutter

Ein Jahr nach der großen Reise nach Strömstadt erlebten die Kinder auf Mårbacka einen großen Kummer.

Ihre Großmutter starb. Bis dahin hatte sie Tag für Tag auf dem Ecksofa im Kinderzimmer gesessen und ihnen vorgesungen oder Geschichten erzählt.

Die Kinder wussten es nicht anders, als dass sie von morgens bis abends mit ihnen sang und ihnen erzählte, und dass sie bei ihr saßen und zuhörten. Das war wunderschön gewesen. Kein anderes Kind hatte es so gut gehabt wie sie.

Woher Großmutter alle die Geschichten und Lieder hatte, das wussten sie nicht, aber Großmutter glaubte selber jedes Wort, was sie erzählte. Wenn sie etwas gar zu Merkwürdiges berichtete, pflegte sie den Kindern tief in die Augen zu schauen und in ihrem überzeugendsten Tone zu sagen: »Alles dieses ist so wahr, wie ich euch sehe und wie ihr mich seht.«

Eines Morgens, als sie zum Frühstück heruntergekommen waren, durften sie nicht in Großmutters Zimmer gehen und ihr guten Morgen sagen, wie sie sonst zu tun pflegten, denn Großmutter war krank. Dann war das Ecksofa im Schlafzimmer tagelang leer geblieben, und die Kinder wussten nicht, wie sie die langen Stunden herumbringen sollten.

Nach einigen weiteren Tagen sagte man den Kindern, die Großmutter sei gestorben. Und als diese aufgebahrt in ihrem Sarge lag, wurden sie hineingeführt, und sie sollten ihr die Hand küssen. Aber sie fürchteten sich davor, bis ihnen jemand sagte, dies sei das letzte Mal, dass sie ihrer Großmutter für alle Freude, die sie ihnen gemacht hatte, danken könnten.

Dann kam ein Tag, an dem man die Märchen und Lieder vom Hofe wegfuhr, eingeschlossen in einen langen, schwarzen Sarg, und sie kehrten nimmermehr zurück.

Das war eine Zeit schmerzlichsten Vermissens für die Kleinen. Es war, wie wenn die Tür zu einer schönen Zauberwelt, durch die sie zuvor hatten frei aus- und eingehen können, verschlossen worden wäre. Und niemand war da, der sie wieder hätte öffnen können.

Nach und nach lernten sie wie andre Kinder mit Puppen und Spielsachen spielen, und man hätte meinen können, sie vermissten ihre Großmutter nicht mehr oder hätten sie gar vergessen. Aber dem war nicht so; sie lebte immerfort in ihren Herzen. Und sie wurden nie müde, den Geschichtchen zu lauschen, die ihnen die alte Haushälterin von ihrer Großmutter erzählte. Diese bewahrten sie in ihrem Herzen wie Schätze, die ihnen nicht verloren gehen konnten.

Selma Lagerlöf: *Mårbacka. Jugenderinnerungen.* München 1958. S. 54 f.